「年中行事から食育」の経済学

佐々木輝雄

筑波書房

装幀◉古村奈々+Zapping Studio

はじめに

　日本伝統の「年中行事(ねんじゅうぎょうじ)」が，若者に伝えられていない。年中行事が廃(すた)れると，失うものは「日本文化」であり，地域風土でより良く生きるための「心」である。

　かつて年中行事の予定は，伝承の「年間スケジュール」でもあった。老若男女が共に行事に取り組む光景には，生活のメリハリを1年間の中に配分し，「苦」を「楽」で補う伝承の動機付けまでが組み込まれていた。

　今では，年中行事を行うための家族意識が弱まり，地元意識が失われてしまった。高度経済成長の代償が，ここにまで及ぶとは想像し難いことであった。すなわち，地方では長男を残して多くの子供は親から離れ過ぎた。都会で増加した「核家族」は，食の漂流の民になるべく生活条件のなかにおかれていた。こうした人々の都市生活空間の多くには，神社や森や自然といった共同管理の資産がなく，自治意識も協力精神も必要とされることはなかった。

　まことに厚みのない人生を余儀なくされてきたのである。

　このようになって2世代を経過しつつある。団塊の世代が3代目を持ち始めた今，伝えるべき文化を持たない虚しさに気付き始めた人も多い。都市部においてはこのような人々の購買力が圧倒的に強いため，日本の食材，食品の流通に大きな影響を及ぼすことになった。なかでも，値段の安さ，うまさが決め手になって，世界から食料の輸入を許すことになった。

しかし，変化の早過ぎるところに，歪みは生ずるのである。売ることだけにこだわった輸入食料の危険性，生き残りをかけた食品の偽装，自給率低下がもたらす様々な懸念，これに生活習慣病の広まりとその低年齢化も絡んで，事態は修復の効かないところまで進行しようとしている。

　一方，「食育」という運動が活発化してきた。2005年6月10日，「食育基本法」が成立した。明治時代から重要視されていた「食育」を，思い出したかのように取りあげて，国民運動にしようとしているかのようにも見える。しかし，やろうとしていることに誤りはない。
　「食育」とは，専門家の立場から様々な定義付けがあるが，端的に表現すると次のようになろう。それは「食べる姿勢を正す」ことである。食せること，食することの理由を知り，食し方を楽しめることが不可欠である。さらに，先人が期してきた一家団欒の様々な機能も忘れ去ってはいけない。
　「食育」は人生の全過程で必修の課題である。「幼児の食育」から「高齢者の食育」まで，「食育」とは継続されるものでなければならない。現在の食育論議にはこの視点も欠如している。

　「年中行事」が伝承されなくなっても，先人の知恵を知っておくことは大切である。地域風土の中で生きぬいてきた人々の知恵は，何にも代え難い優れた贈りものである。そこに込められている「感謝」と「願い」の精神の背景を無視することはできない。
　多くの「年中行事」には「食」が付きものである。そこでの「食」には，見事なまでに地域風土が反映されている。近年，各地で「地産地消」運動が展開されるようになっているが，その拠り所に年中行事を加えるべきと思わざるを得ない。「地産地消」は立派な「食育」で

あるが，その原点も「年中行事」なのである。
　「年中行事」の根本には，「心」があり，家庭があり，地域がある。そして大事なことは，そこには「人生」と「伝承」があるということである。

　以上のことから，本書の表題を「年中行事から食育」としていることの理由を御察し願えたかと思う。また，著者の研究ベースが経済学であるために，「年中行事」の簡単な解説の後に，「行事食」に関連する事項を選んで経済の側面から解説している。これが『「年中行事から食育」の経済学』としている理由である。また，「行事食」に関わりの薄い9つの行事の項には，食生活に関連する「セミナー」を織り込んである。

　読者は関心の向くままに，どの項から読まれても筆者の本意とするところである。
　本書には，研究室の学生諸君との対話の成果も反映されている。なかでも，筆者に劣らず熱意を示してくれて，資料整理等を自ら手伝ってくれた大多賀綾子さんと高瀬麻央さんの存在は，ここに記しておかなければならない。

2005年11月3日
文化の日に
佐々木輝雄

「年中行事から食育」の経済学【目次】

はじめに……3

1月 [睦月／January]……16

1月1日【正月】……16

1. 正月と「おめでとう」の意味……16
2. 「おせち」,「お年玉」,「鏡餅」の意味……17
3. 「屠蘇」と「雑煮」の意味……17
4. 「雑煮」の地域性……18
5. 「おせち料理」の経済学……18
   - ◆「おせち料理」とは……18
   - ◆「おせち料理」の準備度……19
   - ◆「おせち料理」の予算と内容……20

1月7日【七草の節句】……21

1. 「七草」とは……21
2. 「七草の節句」の歴史……22
3. 「秋の七草」とは……23
4. 「七草」の経済学……23
   - ◆「七草粥」の行事食は継承されている……23
   - ◆スーパーの「七草セット」も支えに……24
   - ◆食の季節感は若年ほど薄れてきている……24

1月11日【鏡開き】……25

1. 「鏡餅」と呼ぶ理由……25
2. 「鏡餅」の歴史……25
3. 「餅」の経済学……26
   - ◆日本人の餅離れ……26
   - ◆餅好きの年齢層と食べ方……26

1月第2月曜日【成人の日】……27

1 「成人の日」とは……27
2 「成人の日」で再確認をしなければならないこと……28
3 「酒」の経済学……29
　◆日本人は酒好きであるが，強くはない……29
　◆人気の酒は大変化……29
　◆焼酎人気の理由……30
　◆酒類への支出を月別，年齢別，地域別に見ると……31

1月15日【どんど焼き】……32

1 「どんど焼き」とは……32
2 「どんど焼き」による願いと意義……33

■■セミナー──❶年中行事と暦……34
暦の改良／二十四節気／雑節／太陰暦から太陽暦へ

2月 [如月／February]……36

2月3日【節分】……36

1 「節分」の由来と立春……36
2 「豆まき」の由来……37
3 「節分」の背景……37
4 節分の食「恵方巻き」……38
5 「大豆」の経済学……39
　◆大豆の原産国，日本への導入……39
　◆大豆の低い自給率……39
　◆国産大豆の産地……40
　◆かつての日本の大豆生産状況……40

2月8日【針供養】……41

1 「針供養」とは……41
2 「豆腐・コンニャク」の経済学……41
　◆豆腐屋さんの減少……41
　◆豆腐の需要規模と推移……42

- ◆豆腐の需要の季節変動と愛好層は……43
- ◆コンニャクの需要規模と推移……43

2月11日【建国記念の日】……44

1 「建国記念の日」とは……44

■セミナー──❷ 年中行事と食生活……45

年中行事の精神／年中行事の食と健康／年中行事はより良く生きるための節目／地産地消と食育の背景には

2月14日【バレンタイン・デー】……46

1 「バレンタイン・デー」の由来……46
2 チョコレートを贈る理由……47
3 「チョコレート」の経済学……48
- ◆国産チョコレートの販売額とバレンタイン・デーの比重……48
- ◆バレンタイン・チョコレートの規模と推移……48
- ◆チョコレート需要は拡大傾向……49
- ◆月別購入額を見るとやはり……50

3月 [弥生／March]……51

3月3日【桃の節句・ひな祭り】……51

1 「桃の節句」とは……51
2 「雛人形」の背景には……52
3 「雛人形」の歴史と、徳川家康の孫との関連……53
4 「上巳の節句」がなぜ「桃の節句」に……54
5 「桃の節句」の食の経済学……54
- ◆雛壇をよく見てみると……54
- ◆「菱餅」の由来は……55
- ◆江戸時代の「桃の節句」の日の風景と自然の恵み……56

3月14日【ホワイト・デー】……57

1 「ホワイト・デー」は日本の行事……57
2 「ホワイト・デー」の誕生は……58
3 「ホワイト・デー」の経済学（返礼の論理と贈与の論理）……58

- ◆「ホワイト・デー」の非論理性……58
- ◆経済の論理で片づかない「ホワイト・デー」……59
- ◆女性の側から「ホワイト・デー」を見ると……60

3月18日〜24日【彼岸・春分の日】……61

1 「彼岸」と「春分の日」,「秋分の日」……61
2 「彼岸」の歴史……62
3 「彼岸」が7日間である理由……62
4 彼岸の食「ぼたもち(おはぎ)」……63
5 「ぼたもち(おはぎ)」の食材・小豆の経済学……64
- ◆「あんこ」の原料について……64
- ◆「小豆」の効用……65
- ◆日本人と「あんこ」……65
- ◆「小豆」の産地と生産……65
- ◆「あんこ」の需要期……66

4月 [卯月／April]……67

4月29日【みどりの日(「昭和の日」へ)】……67

1 「みどりの日」とは……67

■■セミナー──❸ 年中行事の食と健康……68
年中行事の食材／行事食の条件／地域風土と食と健康／民族食(和食)を軽んじる「つけ」／「食生活指針」と行事食

5月 [皐月／May]……70

5月3日【憲法記念日】……70

1 「憲法記念日」とは……70

■■セミナー──❹ 年中行事の食に「乳」と「肉」がない理由……71
伝統的な行事食に「乳」と「肉」が伴わない理由／なぜ今日,「乳」と「肉」が好まれるのか／日本における長い肉食史とそれを禁忌する風潮／伝統的な行事食の食材は,日本人の食文化の原型

5月5日【端午の節句・こどもの日】……72

1. 「端午の節句」とは……72
2. 「端午の節句」の前史は「女性の日」……73
3. 「鯉のぼり」と「吹き流し」の由来……74
4. 「端午の節句」の食の経済学……75
   ①粽／②柏餅／③菖蒲湯, 菖蒲酒／④「薬玉」／⑤「粽」,「柏餅」の販売戦略

5月第2日曜日【母の日】……77

1. 「母の日」とカーネーション……77
2. 「母の日」の始まりと日本での進展……78
3. 「母の日」の食の経済学……79
   ◆「母の日」のプレゼントと市場規模……79
   ◆「おふくろの味」とは……79

6月 [水無月／June]……81

6月第3日曜日【父の日】……81

1. 「母の日」があるなら「父の日」も……81
2. 「父の日」には「黄色いリボン」を……82
3. 「父の日」のプレゼントは……82
4. 「父の日」と「食」に因んで「食品産業」の経済学……83
   ◆食の分野の産業規模……83
   ◆消費者の食への支出80兆円のゆくえ……84
   ◆食からの幸福を求めて……84

7月 [文月／July]……86

7月7日【七夕】……86

1. 「七夕」のもとは「棚機」……86
2. 「七夕」の行事は何のために……87
3. 短冊と七夕祭り……87
4. 「七夕」と食……88
5. 「そうめん」の経済学……88

- ◆「そうめん」の消費量と季節────88
- ◆「そうめん」の主要産地は────89

7月13日〜16日【盆と中元】────90

- **1**「盆」とは────90
- **2**「盆」の行事────91
  - ◆［7月13日］迎え盆（お盆の入り）────91
  - ◆［7月14日，15日］────92
  - ◆［7月16日］送り盆（お盆の明け）────92
- **3**「盆」の歴史────92
- **4** 盆と「中元」の関連性は────93
- **5** 盆の時節に因んで「野菜」の経済学────93
  - ◆ 少ない野菜の消費量と「食生活指針」────94
  - ◆ 野菜の機能と分類────94
  - ◆ 減少する野菜への支出額────98

7月第3月曜日【海の日】────99

- **1**「海の日」とは────99

■■セミナー───❺ アンケートで見る行事食────100
行事食の内容は／行事食が登場する頻度／特別料理がいつ出されるか

7月20日頃から立秋前日まで【土用の丑の日】────102

- **1**「土用の丑」とは────102
- **2**「ウナギ」の経済学────103
  - ◆ 日本人はウナギ好き────103
  - ◆ ウナギの食べ方────103
  - ◆ ウナギの良いところ────103
  - ◆ やはり7月はウナギの消費が断然多い────104
  - ◆ ウナギの多くは加工品の輸入もの────104

9月 [長月／September] ……106

9月9日【重陽の節句（菊の節句）】……106

1 「重陽の節句」とは……106
2 「茱萸節」……107
3 菊と皇室……108
4 「重陽の節句」と食……108
5 菊に因んで「花市場」の経済学……109
   ◆ 花卉市場の拡大……109
   ◆ 花卉の取引の方法……109
   ◆ 相対取引の増加……110
   ◆ 東京都大田市場では「セリ下がり」方式で……110
   ◆ 食用の花市場もある……111

9月7日～10月8日【月見（中秋の名月）】……112

1 「月見」とは……112
2 「月見」の日は毎年異なる……113
3 「月見」と食……113
4 「団子」の経済学（東京の老舗をモデルに）……114
   ◆ 「男はつらいよ」に「草だんご」が。「団子3兄弟」でまたヒット……114
   ◆ 名作に登場する団子……115
   ◆ 団子と餅の違い……116
   ◆ 団子の4つ刺しの理由……116
   ◆ 「羽二重団子」のバランスと調和……117

9月第3月曜日【敬老の日】……118

1 「敬老の日」とは……118

■■ セミナー ── ❻ 年中行事の目的……119

9月20日～26日頃【彼岸・秋分の日】……121

1 「彼岸」と「春分の日」,「秋分の日」……121
2 彼岸の歴史……122
3 彼岸が7日間である理由……122

12

4 彼岸の食「ぼたもち（おはぎ）」……123
5 「ぼたもち（おはぎ）」の食材である「もち米」の経済学……124
　◆「もち米」の特質……124
　◆「もち米」の生産状況……124
　◆「もち米」の購入量の減少……125

10月 ［神無月／October］……126

10月第2月曜日【体育の日】……126

1 「体育の日」とは……126

■セミナー──❼「食育」と年中行事の精神……127
「食育」のすすめの理由／「食育」の大切さと限界／「食育」の限界を打破する年中行事

11月 ［霜月／November］……129

11月3日【文化の日】……129

1 「文化の日」とは……129

■セミナー──❽「食の記念日」とその意味……130

11月15日【七五三】……132

1 「七五三」とは……132
2 「七五三」は、日本における新しい行事……133
3 「千歳飴」の経済学……134
　◆「七五三」の風景と「千歳飴」の意味……134
　◆飴の効用と需要……135

11月23日【勤労感謝の日】……136

1. 「勤労感謝の日」とは……136
2. 食料確保と「勤労感謝」の経済学……137
   - ◆「勤労感謝」は外国の農業生産者に？……137
   - ◆食料自給率低下の論理……137
   - ◆食料輸入増加の国内要因……138
   - ◆子供に食への感謝と自然の尊さを，どのように教えられるか……139

12月 [師走／December]……141

12月1日～20日【歳暮】……141

1. 「歳暮(せいぼ)」が定着した理由……141
2. 「歳暮」の経済学……142
   - ◆「歳暮」市場と経済状況……142
   - ◆人はどのような時に贈るのか……142
   - ◆食品を贈る機会，理由，購入先……143

12月22日頃【冬至】……144

1. 「冬至(とうじ)」とは……144
2. 「冬至正月」と「立春正月」……145
3. 冬至の「食」……145
   ①カボチャ／②柚子／③小豆(あずき)／④コンニャク／⑤レンコン，ミカン，ニンジン
4. 「カボチャ」の経済学……147
   - ◆カボチャは輸入による「供給の周年化」の代表品目……147
   - ◆カボチャの需要状況……148
     ①カボチャの1世帯当たり購入量の年間および月別変化／②カボチャの世帯主年齢別の購入量

12月23日【天皇誕生日】……149

1. 「天皇誕生日」とは……149

■■セミナー──❾ 年中行事・記念日イベントの経済効果……150
年中行事と景気／記念日の経済効果／連休の経済効果

12月25日【クリスマス】 153

- 1 「クリスマス」とは 153
- 2 「サンタクロース」の由来 154
- 3 「日本でのクリスマス」の普及 154
- 4 「クリスマス・ツリー」の意味 155
- 5 「クリスマスの食」の経済学 155
    - ◆サンタクロースのプレゼント 155
    - ◆クリスマス・パーティ 156
    - ◆クリスマスにおけるケーキ購入 156
    - ◆イチゴの消費も伸びる 157

12月31日【大晦日】 158

- 1 「大晦日」とは 158
- 2 「大晦日」の習わし 158
- 3 除夜の鐘と「百八の煩悩」 159
- 4 「大晦日にそば」の由来 159
- 5 「そば」の経済学 160
    - ◆「そば」の需要と生産 160
    - ◆「年越しそば」を食べる人の割合 161
    - ◆「そば」に対する東京と大阪のイメージの違い 161
    - ◆「そば」の効用 162

参考文献 163
おわりに 166

1月 [睦月／January]

1月1日【正月】

1 正月と「おめでとう」の意味

　正月とは1月1日から7日までをいい、3日までを「三が日」、7日（地域によっては15日）までを「松の内」という。
　正月は春の始まりと考えられていた。人々は新たな生命誕生の季節の到来を待ちわびていた。「めでたい」という表現は、「芽出度い」からきている。
　一方、「あけまして　おめでとうございます」とは、元日に迎える「年神（歳神）様」を歓迎することに由来する。「年神様」とは、五穀を守る神であり、人々が五穀の豊穣を祈るときの神様である。互いに新年の挨拶を交わすことは、年神を迎える喜びを確認し合うことである。
　正月には、門松を立て、注連飾りをかざり、鏡餅を供えるが、これも「年神様」を歓迎するための習慣である。正月は最も古い行事の一つであるが、今日のようなやり方は、江戸時代に入り庶民にある程度

の経済力がついてからのものである。

　年の初めを「元旦」というが，これは明治5年12月3日に太陽暦を採用してからのことである。太陽暦は，地球が太陽の周りを1公転する時間を1年とし，1年を365日，4年ごとに閏年を置くというグレゴリオ（グレゴリウス）暦に基づいている。「元旦」の「元」は「はじめ」であり，「旦」は「日の出」で，1年の最初の朝を元旦とよんだのである。

2 「おせち」，「お年玉」，「鏡餅」の意味

　正月に迎えた「年神様」に，歓迎と安らぎの意を表すものが供え物である。神の到来の節の日の供え物であるから「節供」であり，年頭の節供を「おせち」と称するようになった。

　年神様からは魂が授けられ，これが「お年玉」の由来となっている。年神様からの魂は家長に授けられ，家長が子や孫にその魂を伝える行事が「お年玉」となり，同時に主人から使用人へ，師匠から弟子へという習慣が定着してきた。

　「お年玉」は「年（神の）魂」であり，新年の活力の源である。これは，年神様からの贈り物であり，その有難みを人は「鏡餅」としてかたちどり，年神のご神体として，生活の要所に配置するようになった。

3 「屠蘇」と「雑煮」の意味

　新年のお祝いの乾杯と「屠蘇」は趣が異なるものである。「屠蘇」とは，1年間にわたる邪気を絶ち，健康長寿を願うための酒である。

　邪気を「屠絶」し，人に神の魂を「蘇生」させる「屠蘇」なのである。それは酒や味醂に，肉桂（香辛料），山椒，大黄（生薬），白朮

(生薬)，桔梗，細辛（生薬），乾姜（生姜の根），防風（生薬）などを浸したものであった。もともとは，唐の医者が流行感冒の予防薬として知人に送り，おいしさから広まったものと言われている。

一方，餅は祭りの日の代表食物である。正月の餅は，年神様への供え物であり，それを食するということは，年神様の御相伴に与ることであり，年神様と喜びを共にすることである。神酒を神棚からおろしていただく「直会」の膳に「雑煮」が出される。「雑煮」は，餅の他に雑多な食材を入れたものだが，青菜を添えて，「名（菜）をあげる」と縁起をかついだものでもある。

4 「雑煮」の地域性

雑煮の作り方には，地域の特色が色濃く反映されている。2005年2月9日，文化庁は「お雑煮百選」を発表した[注1]。

それによると，伝統を受け継ぐ「百選」の雑煮は，中部以東は「角餅」，近畿以西は「丸餅」を使ったものが多い。汁は，関東は「しょう油」，近畿は「白みそ」が主流であった。

調理法では，東北や関東では，餅を「焼いてから煮る」のに対して，中部では「ゆでる」のが多い。

5 「おせち料理」の経済学

◆「おせち料理」とは

年神様と共に元旦を祝い，豊穣と幸福を祈る膳が「おせち料理」で

【注1】文化庁による「お雑煮百選」は，1996年に発表した「歴史の道百選」以来である。280点の各地からの応募から，地域や家庭の伝統が受け継がれてきているものを選んでいる。文化庁ホームページで紹介されている。

ある。

　「おせち料理」の代表は、関東では「黒豆」、「数の子」、「ごまめ」であり、関西では「黒豆」、「数の子」、「敲(たた)き牛蒡(ごぼう)」である。それらが、なぜ「おせち料理」の代表食材なのか明らかにしておこう。

【黒豆】黒は道教では邪除けの色である。マメに暮らせることの願いも込められている。

【数の子】鰊(にしん)の子であるが、鰊は「春告魚(はるつげうお)」とも書き、春を待つ心を表している。鰊はアイヌ語で「カド」といわれ、「カドの子」が「数の子」に訛(なま)ったともいわれる。また縁起を担いで、数の子から子孫繁栄にかけるという意味合いも込めている。

【ごまめ】干した片口鰯(かたくちいわし)を炒ってから、甘く煮つめたものである。各々が尾頭つきであり、天皇家の財政が窮状に陥ったとき、これで代用品にしたとの言い伝えがある。片口鰯は田の肥料として欠かせなかったので「田作(たづく)り」とも記され、コメの肥料にすれば豊作になるところから、1年の豊穣を祈る意味も兼ねているので五万米(ごまめ)とも表す。

【敲(たた)き牛蒡(ごぼう)】黒い牛蒡は豊作の時に飛んでくると言われる瑞鳥(ずいちょう)(鶴などのめでたい鳥)を表す。黒は黒豆と同じく、道教の邪除けの色である。ここから農作と厄除けを願っている。

　他のおせち料理の代表は、「煮染(し)め」、「きんとん」、「なます」、「焼き魚」、「昆布巻き」、「甘露煮」である。

◆「おせち料理」の準備度

　暮れから正月にかけて、「おせち料理」を準備する家庭の割合はどれほどであろうか。『食品商業』(KK商業界)による2002年11月の調査結果を紹介しておく。それによると、「おせち料理を用意しない」という主婦は46.0%も占めている。その内の45.7%は「実家でつくるから」というものである。全体の25%ほどは、「おせち料理を用意しな

1月［睦月／January］

いし，用意をされない」ということになる。主婦の4人に1人の割合になるのであるが，「正月におせち料理を」という食文化が薄れてきている。

これを年齢別で見ると，若い世代ほど「おせち料理を自分でつくる」割合は低くなり，「誰かに作ってもらう」，「全て買う」の割合が高くなっている注2。

この背景には，近年お馴染みになってきているコンビニでの「おせち料理の予約販売」など，小売りの「おせち進出」もある。

◆「おせち料理」の予算と内容

それでは，「おせち料理」の準備に，どれほどお金を使っているか明らかにしておこう。同誌の調査結果によると，次の通りである。

【おせち料理の準備費用】
① 5千円未満［36.0％］ ② 5千円以上1万円未満［35.1％］ ③ 1万円以上1万5千円未満［13.8％］ ④ 1万5千円以上2万円未満［8.2％］
⑤ 2万円以上3万円未満［6.2％］ ⑥ 3万円以上［3.2％］

ここで，1万5千円未満で合計すると84.9％になっている。

次に，これも同誌の調査による「おせち料理で用意するもの」をランク付けしておこう。

【おせち料理で用意するメニュー】
①蒲鉾［79.1％］ ②雑煮［74.1％］ ③黒豆［66.5％］ ④栗きんとん［62.3％］ ⑤数の子［60.5％］ ⑥伊達巻き［60.4％］
⑦煮しめ［54.5％］ ⑧昆布巻［53.1％］ ⑨なます［48.7％］
⑩なると［47.9％］ ⑪いくら・すじこ［43.0％］ ⑫田づくり［42.2％］
⑬酢だこ［39.9％］ ⑭だし巻き・厚焼き玉子［34.6％］

【注2】これは，東京ガス都市生活研究所「生活レシピ2002」，調査年月2001年8月による。

以下,「ぶり・さけの焼き物」,「筑前煮（いり鶏）」,「祝い海老」,「酢蓮（酢レンコン）」,「魚甘露煮（ふな・はぜ）」,「錦玉子（吹き寄せ玉子）」と続いている。

1月7日【七草の節句】

■1 「七草」とは

　「七草」とは,「五節句」[注3]の1つである「人日の節句」（1月7日）の朝に,七草粥を食べる風習である。

　1月7日を「七草の節句」ともいう。

　「七草」とは,次のように身近なものであり,言い伝えの効能も付記しておこう。

　「七草」を迎えるにあたって,その前夜,柊のような刺のある枝葉を戸口に挟んでお清めを行う。次に「七草叩き」といって,唱えごとをしながら七草を包丁で叩く。この唱えとは,もともとは「鳥追い歌」のようであり,豊作を祈るときのものである。これが七草の行事と融合し,邪気を祓い,無病息災,万病を払う行事となっていった。

　7日の朝を迎えると,まず年神に供えて,それから家族で食するのである。

　「七草の節句」は正月直後の行事である。本格的な春の訪れはまだ先のこと。寒さを凌ぎ,食料の蓄えを維持しながら,健康で春を迎えるための生活の知恵,これが「七草の節句」だったのかもしれない。

　正月のご馳走続きで,弱った胃腸を整える七草,とも言われているが,これも理に適っていよう。

【注3】「五節句」とは,1年に5度の節句のこと。1月7日（人日）,3月3日（上巳）,5月5日（端午）,7月7日（七夕）,9月9日（重陽）を合わせていう。

【七草と効能】
①芹〈セリ科〉
　田の畔などの湿地に自生［香りが食欲促進，消化促進，黄疸予防］
②薺〈アブラナ科〉
　ペンペン草，道端に自生［視力や五臓に良いといわれる］
③御形〈キク科〉
　ハハコグサ，荒地の日当たりの良い所に［痰切り，解熱予防］
④繁縷〈ナデシコ科〉
　ハコベ，人家のある道端に［排尿促進］
⑤仏の座〈キク科〉
　小鬼田平子，黄色い花をつける［歯痛予防］
⑥菘〈アブラナ科〉
　蕪［ジアスターゼを含み消化促進，しもやけ防止，そばかす防止］
⑦蘿蔔〈アブラナ科〉
　大根　［ビタミンやジアスターゼに富む。咳止め，神経痛予防］

2 「七草の節句」の歴史

　「七草」とは元来「秋の七草」であり，1月7日は「七種」と記された。
　中国では，1月7日に「七種菜羹」注4を食べて，病いを遠ざける習慣があった。
　日本にもこれが伝わり，平安時代には7種の穀物注5を入れていたという。
　その後，春先の野菜を入れるようになったが，地域や時代によってその内容は多様である。
　現在の「七草」が揃うのは，1362年ごろに四辻善成による『河海抄』

【注4】「羹」とは，熱い物の意。菜，肉などを入れた熱い吸い物。
【注5】「7種の穀物」とは，米，粟，黍，稗，みの，胡麻，小豆。

の中で,「芹, なずな, 御形, はこべら, 仏の座, すずな, すずしろ, これぞ七草」と表現されたものが最初とみられている。

江戸時代に入ると, 武家から庶民までの行事になり, 幕府では公式行事として行われていた。

3 「秋の七草」とは

ついでに「秋の七草」も掲げておこう。

【秋の七草】
①萩〈マメ科〉　②尾花（ススキのこと）〈イネ科〉　③葛〈マメ科〉
④撫子〈ナデシコ科〉　⑤女郎花〈オミナエシ科〉　⑥藤袴〈キク科〉
⑦桔梗〈キキョウ科〉

「秋の七草」には, 何かをするという行事がない。秋の花野を見て楽しんだのである。

葛, 女郎花, 藤袴, 桔梗などには薬効もあるようだが, それらを摘んで食するということも一般的にはなっていない。

「秋の七草」は, 散策しながら和歌や俳句を詠むという楽しまれ方が続いてきた。

「秋の野に咲きたる花を指折りかき数ふれば七種の花」（山上憶良） [注6]

4 「七草」の経済学

◆「七草粥」の行事食は継承されている

「七草」は季節ものであり, 都市ではそれらを見つけるのも難しく

【注6】この歌が「秋の七草」の由来といわれている（「万葉集」巻八、1537年）。

なってきた。また,「七草」を識別できる人も少なくなってきている。それでも「七草の節句」に「七草粥」を,食卓に「ほぼ毎年登場」させる主婦が32.6％もいる[注7]。

また,行事食として「よく食べられている伝統食の上位3位」に,この「七草」が挙げられている県は多い。アンケート調査によると,岩手県,栃木県,滋賀県,兵庫県,佐賀県,熊本県,鹿児島県の7県であり,九州での関心の高さが目立つ[注8]。

◆ スーパーの「七草セット」も支えに

やはり,地方では行事食へのこだわりが強い。都市部における「七草粥」は,スーパーマーケット等で売り出されている「七草セット」が動機付けになることが多い。それでも,「七草粥」を食卓に上げる人の,行事や伝統に対する認識度の高さは相当なものといえよう。

◆ 食の季節感は若年ほど薄れてきている

全体的に見れば,食の季節感すなわち「旬」に対する関心は薄れてきている。この傾向は,若年層ほど顕著になっている。「地域の産物や旬のものの利用状況」を知らせるアンケート結果によれば,全体で49.5％の人が「よく使う」と答えている。しかし,20歳代では34.6％,30歳代では36.8％と低い。変化が起こるのは40歳代からであり,一挙に50.4％に上がり,50歳代で57.9％,60歳代以上では62.5％になっている[注9]。

【注7】ミツカングループ本社「わが家の年中行事と『特別な日』の料理に関する主婦アンケート」,調査年月2003年2月～3月より。
【注8】農林水産省「伝統食を含む食文化の継承及び地域産物の活用への取り組み状況」,調査年月2001年9月より。
【注9】日本醤油協会「醤油のイメージに関する調査」,調査年月2000年9月～11月より。

1月11日【鏡開き】

1 「鏡餅」と呼ぶ理由

「鏡餅」は，大小の丸い餅を重ねて，橙（みかん），譲葉，昆布，裏白の葉などで飾りつける。

「鏡餅」は，古くから年神様と人間を仲介するものであり，正月には年神様の宿るところと考えられてきている。

その丸い形が，神の宿る鏡すなわち昔の銅鏡に似ており，またその丸さから家族円満を象徴するものとして，鏡餅が大切に扱われてきたのである。

1月11日の「鏡開き」では，固くなった餅を金づちなどで叩いて割って，家族皆でお汁粉などにして食する。但し，この時「餅を割る」とはいわず，「餅を開く」といって，年神様との縁を最優先する。

2 「鏡餅」の歴史

鏡餅の扱いは，古来，神前に祀るというのがしきたりであった。これが明らかなのは奈良時代の頃からである。

平安時代には，宮中や貴族の間で，各行事の食べ物として用意されるようになる。

今日のように，乗せ台である「三方」に半紙を敷き，その上に「裏白の葉」をのせ，大小2つの餅を重ねて，その上に昆布やするめ，橙などを飾るようになったのは室町時代からである。戦国時代には，甲冑に供える鏡餅も加えられ，これを「具足餅」あるいは鎧餅，武家餅と呼ばれている。生活に大切な道具などには，鏡餅を供えて，霊力をいただくという習慣はここからきている。

江戸時代の中頃になり，庶民の間でも餅が食べられるようになってきている。
　「鏡開き」の行事はもともと1月20日であったが，江戸時代の3代将軍家光が亡くなった日と重なったために，この日を避けて1月11日に行われるようになったともいわれている。

3 「餅」の経済学

◆ 日本人の餅離れ

　「餅」が庶民の間でも食べられるようになるには，江戸時代半ばまで待たなければならなかった。その後，餅の食品としての素晴らしさは伝えられてきたが，近年になって伝承力が衰えてきている。
　総務庁「家計調査」によると，2002年における1世帯当たりの餅の購入量は2.8kgである。ところが1980年には4kgであり，毎年少しずつ例外なく減少してきている。日本人の「餅離れ」は明らかな傾向となってきている。
　餅の量を月別に見ると，やはり12月が圧倒的に多い。2002年で見ると，12月に1,458ｇ購入されているが，11月の303ｇを除いて各月300ｇ以下の購入量である。餅の消費量が減少してきているが，年間を通して少しずつ食しているのである。このことを旧食糧庁の調査で明らかにしてみよう。2002年度の調査において，餅を「正月に餅を食べた」は94％となっている。また，「正月のみ食べる」は31％であったの対し，「正月や特別な行事に限らず日頃から食べる」が59％に上っているのである。

◆ 餅好きの年齢層と食べ方

　「餅」へのこだわりを，「元日の朝の消費」で見ると，やはり年配者

の餅を食する割合が高いことが確認できる。
　それは，次のアンケート結果で明らかになる。

【年齢層別，元日に餅を食べている割合】
20歳代［55.9％］　30歳代［74.5％］　40歳代［85.4％］
50歳以上［89.8％］

(注) ライブリッジ，くらしHOW研究所「年末年始食習慣アンケート」，調査年月2001年1月より。

　次に，餅の食べ方であるが，次のようなアンケート結果を紹介しておこう。

【お餅の好きな食べ方】
①雑煮［82％］　②焼きもち［69％］　③いそべ［60％］
④きな粉もち［58％］　⑤しるこ［53％］　⑥あんもち・大福［44％］
⑦草もち［41％］　⑧からみもち［30％］　⑨あられ［27％］
⑩あげもち［26％］　⑪あんころ［25％］　⑪豆もち［25％］
⑬かきもち［22％］　⑭納豆もち［14％］

(注) 同上。

　餅とはいっても，その食し方はバラエティーに富んでいる。

1月第2月曜日【成人の日】

1「成人の日」とは

　「成人の日」とは，満20歳に達した男女を祝い励ます日である。
　1948年に制定された「国民の祝日に関する法律」では，同法第2条で「おとなになったことを自覚し，みずから生き抜こうとする青年を

1月［睦月／January］　27

祝いはげます」日とある。

　1999年までは、「1月15日」であったが、2000年からは「1月第2月曜日」に変更された。

　これは「ハッピーマンデー法」すなわち改正祝日法によるもので、観光振興や景気拡大を念頭に置いた3連休の実現のためであった。同法により10月には「体育の日」も第2月曜日に置かれることになったのである。

2 「成人の日」で再確認をしなければならないこと

　「成人」になると何が変わるかと問えば、社会的立場がはっきりするということである。日常使い慣れた「冠婚葬祭」の「冠」とは成人式を指すのである。古今東西、成人式は大切な儀式であり、それは家族の祝いに止まらず、地域社会や国家の維持、繁栄を託す行事なのである。

　「元服(げんぷく)」という表現が残されているように、古くは13歳前後になると、男子は髪型を改め、冠をつけて儀式（加冠の儀）を行った。女子は髪を結い上げ、かんざしで飾って成長を祝ったのである。

　若いことを「弱冠(じゃっかん)」というが、この由来も中国における成人式に関連している。古代中国では男子20歳を「弱」といい、元服して「冠」を身につけて「弱冠」となり、20歳を迎えた者の総称で使った。

　成人式とは、誠に厳かな儀式であるべき意味をもつ。それは、次世代の社会的任務の遂行者として、世代交代をスムーズに進めるための準備であったからである。

　ところが、昨今の日本での成人式は趣を大きく変えてきている。それは、成人を迎えた者の立場からだけの主張や権利を、顕示する儀式に成り下がってきているからである。堂々と酒が飲める、タバコが吸

える，結婚ができるという「権利」が全面に出がちであるが，法的に裏付けされた「責任」や「義務」という側面が隠れてしまっているのである。

その象徴が，成人を迎えて，「選挙権を得た」という発言が無くなってしまったことである。

3 「酒」の経済学

◆ 日本人は酒好きであるが，強くはない

「成人」を迎えて得る権利の1つに飲酒がある。酒を飲む機会は，人生や社会においても大きな意味をもつ。歴史的に見ても，人と酒との付き合いは長い。酒の社会的価値は，多くの行事の中で利用されてきていることに集約されよう。そこで，ここでは酒について論ずることにする。

日本人も多くの民族と同じように酒を愛するのであるが，先進国の中では1人当たりの飲酒量は多い方ではない。酒の嗜み方は，風土に左右されるようである。日本の風土では，食物の保存方法として，アルコール発酵をそれほど必要としていなかった。それは，食料を生産，確保するのに恵まれた風土であったということに由来する。このような背景が，日本人の体内にアルコール分解酵素を多く持たせないで済んでいたということである。これが，酒の飲めない人，すなわちアルコールを分解できない人（下戸）を存在させてきている。日本人の中で，欧米人並みの「酒の強い人」の割合が3割位なのも，これが理由であるようだ。

◆ 人気の酒は大変化

日本における飲酒の量は，全体としてすでに上限に届いてしまって

いる。近年の健康志向で飲酒量は減り，飲まれる酒の種類が変化してきた。同時に，女性の飲酒割合が高まってきているが，これが低アルコール商品を生み出し，酒の飲み方を変えてきている。

　酒の種類で見ると，日本酒とウイスキーの消費減少傾向に歯止めがかかっていない。ビールは発泡酒に取って代わりつつあり[注10]，両方を合わせてもやはり1990年代半ばからの健康志向の強まりで頭打ちとなっている。

　替わって伸びているのが焼酎であり，健闘しているのがワインである。ワインは，赤ワインのポリフェノールの健康機能の認知で急増したが，日本の食スタイルにワインが合致しにくく，1998年をピークに下げ傾向にある。

　このような状況で，酒類メーカーの販売戦略は焼酎に向けられてきている[注11]。

　2003年，国内出荷量で見て，焼酎は約半世紀ぶりに日本酒を抜いてしまった。日本酒は，1959年に消費量でビールに抜かれ，焼酎にも抜かれてしまったのである。

◆ 焼酎人気の理由

　そこで，焼酎の人気の理由が知りたくなる。焼酎とはいっても，その飲まれ方が多彩である。蒸留を繰り返して純度を高めた「甲類」は，各種の果実の香りを漂わせるカクテル類で若者や女性に人気がある。一度しか蒸留しないで原料の風味を残す「乙類」は，本格焼酎としてまろやかな味と香りを楽しませ，料理との組み合わせ方も際限がない[注12]。

【注10】発泡酒が伸びている理由の一つは，ビールとの税率格差による低価格にある。2005年4月には，キリン，アサヒも参入し，大手4社が「第三のビール」発泡酒の市場でそろい踏みとなった。
【注11】国税庁発表資料より。

かつては年配者の酒・焼酎であったが，これほどの変身を遂げることを業界でも予測ができなかった。ここ数年，焼酎の輸入が急増しているのである。高い人気の秘密は，「伝統と近代」の組み合わせの中から醸し出す魅力といえよう。

◆ 酒類への支出を月別，年齢別，地域別に見ると
〈酒類への支出〉
　酒類への支出のピークは1991年であり，1世帯当たり年間5万4,563円である。その後，1999年まで5万円台を維持し，2002年には4万7,364円まで減少している。
〈酒類の月別支出〉
　酒類を最も消費するのは12月であり6,262円，続いて7月，8月，6月と，暑気払いの酒類が多くなっている。最も少ないのは1月であり，正月の祝い酒の後，飲酒を控えめにする傾向と暮れの買いだめが重なり2,949円となっている。
〈酒類の年代別支出〉
　酒類に支出が多いのは，50歳代であり5万7,665円である。続いて60歳代の5万4,335円，40歳代の4万4,489円，70歳以降の4万2,898円，30歳代の3万4,668円，20歳代の2万2,604円となっている。高齢者の支出額の多さが，自らの飲酒量の多さにつながるものではないことは言うまでもない。
〈酒類の種類別支出〉
　2002年における酒類への支出を種類ごとに見ると，次の順になる。
　①ビールに2万101円，②日本酒に8,929円，③発泡酒に6,848円，④焼酎に5,257円，⑤ワインに2,478円，⑥ウイスキーに1,730円

【注12】本格焼酎として最初に人気を博したのは，1973年に発売された宮崎県の雲海酒造による「そば焼酎」である。

〈酒類の地域別支出〉

2002年における酒類への支出を地域別に見ると，次の順になる。

【地域別，酒への支出】
①東北の5万4,162円 ②北陸の5万1,161円 ③近畿の5万459円
④中国の4万9,140円 ⑤北海道の4万7,994円 ⑥関東の4万7,502円
⑦九州の4万5,783円 ⑧四国の4万4,571円 ⑨東海の3万9,636円
⑩沖縄の2万7,328円

〈酒類の地域別購入量〉

最後に，酒類の種類別に，どの地域で最も多く飲まれているか，支出ではなく「購入量」で明らかにしておこう。

【酒類の地域別購入量】

(1) 日本酒	①北陸	②東北	③中国	④近畿
(2) 焼酎	①九州	②北海道	③東北	④関東
(3) ビール	①近畿	②北海道	③東北	④四国
(4) ウイスキー	①北海道	②関東	③東北	④北陸
(5) ワイン	①北海道	②関東	③東北	④近畿
(6) 発泡酒	①近畿	②四国	③東北	④九州

このようにまとめてみると，酒類の購入量が多い地域として，①北海道，②東北，③近畿，④関東が浮かび上がってこよう[注13]。その背後には酒類における各々の産業の発展がある。

1月15日【どんど焼き】

■1 「どんど焼き」とは

「どんど焼き」とは，小正月（1月15日）に，門松，笹竹，注連飾

【注13】総務庁「家計調査年報」より。

りなど正月の飾りものを村の一角に集めて燃やす火祭りのことである。年神様（としがみ）を迎えて，豊穣を願った正月の飾りを燃やしながら，地域住民と共にお見送りをする行事である。

「どんど焼き」の行事は，全国広く行われており，竹や藁に杉の葉などを加えて櫓（やぐら）を組み，火の勢いを煽りながら威勢よく燃やしていく。「どんどん焼く」から「どんど焼き」になったのであろうが，地域によっては別の表現もある。北陸や東海地方では平安時代における宮中での呼称「左義長（さぎちょう）」が一般的であるし，関西では爆竹音の「とんど」から「とんど焼き」，九州では「鬼火焚き」と表現する所が多いようである。

2 「どんど焼き」による願いと意義

「どんど焼き」による願いには，書き初めを燃して「習字が上手になるように」，団子を焼いて食べれば「虫歯の予防になる」という伝来のものがある。全国各地で行われている「どんど焼き」では，「年神様（としがみ）を送り，今年の豊作を祈る」ことであり，「1年間を無病息災で過ごす」ことへの願いが込められる。

一方，見方を変えれば「どんど焼き」は，人の行いのあり方を示す行事であろう。神を迎えれば，お見送りをする，行事を行えば，片づけが大切である，火の扱いであるから，皆で一緒に見守ろうというように，今日でも模範になりうる行事である。

正月飾りの素材のあり方や環境対策に絡めて，この行事は子供達に対する教育の場としての意義を見い出すことができるのである。

■■ セミナー ── ❶

年中行事と暦
<small>ねんじゅうぎょうじ　こよみ</small>

● 暦の改良

「年中行事」とは、1年の間で決まって行われる儀式である。かつては宮中で行われる儀式を指していたが、次第に庶民の間で行われる儀式も含まれるようになった。

年中行事を正しく行うには「暦」が必要になる。今日のような暦がなかった時代は、長い間、自然の観察から判断する「自然暦」に頼っていた。植物の生育や昆虫や鳥などの動物の行動などを観察しながら、1年間の中の「時期」を判断していたものと思われる。

6世紀末からの飛鳥時代になると、月の変化すなわち月の満ち欠けによって日を決定する「太陰暦」が利用されるようになる。これは1カ月を29日か30日とし、1年を12カ月とするものであるが、何度も改良されて暦としての役割が高められてきた^(注)。

● 二十四節気

暦には、単に日を示すという役割だけでなく、季節を示したり生活や農作業に示唆を与えることも求められた。それにうまく応えてきたのが「二十四節気」である。「二十四節気」とは、1年間を24等分（15日間ごとに区分）し、季節を示す方法である。これは今日でも参考にされることが多い。

それは次のようになっている。但し、「二十四節気」の各々の日付は毎年変動するが、目安として変動の中心日付を入れておく。

【春】	立春	：雨水	：啓蟄	：春分	：清明	：穀雨
	2月4日	：18日	：3月6日	：21日	：4月5日	：20日
【夏】	立夏	：小満	：芒種	：夏至	：小暑	：大暑
	5月6日	：21日	：6月6日	：21日	：7月7日	：23日
【秋】	立秋	：処暑	：白露	：秋分	：寒露	：霜降
	8月8日	：23日	：9月8日	：23日	：10月8日	：23日
【冬】	立冬	：小雪	：大雪	：冬至	：小寒	：大寒
	11月8日	：23日	：12月7日	：22日	：1月5日	：20日

● 雑節

　生活や農作業に示唆を与えるのが「雑節」である。それには次のようなものがある。

【1月】冬土用　【2月】節分　【3月】春彼岸：春社日　【4月】春土用　【5月】八十八夜　【6月】入梅　【7月】半夏生：夏土用　【9月】二百十日：秋彼岸：秋社日　【10月】秋土用

節分　　：立春の前日。旧暦で1年の最後の日。新春を迎えるために邪気を祓う。
八十八夜：立春の日から88日目。茶摘、苗代のもみまきの時期。
入梅　　：梅雨に入る頃。
半夏至　：夏至から11日目。田植えの終え時期。
二百十日：立春の日から210日目。稲の開花期。台風の上陸時期。
土用　　：立春・立夏・立秋・立冬の前各18日間。立秋の前の夏の土用に鰻を。
彼岸　　：春分の日と秋分の日を各々中日とする7日間。先祖の霊を供養する。
社日　　：春分と秋分に最も近い戊の日。土地の神様を祭る。春社には五穀の種子を供えて豊作を祈る。秋社は初穂を供えて収穫を感謝する。

● 太陰暦から太陽暦へ

　今日の暦は「太陽暦」である。これは周知のように1年を365日とし、4年ごとに閏日を置き、100年ごとに閏日を省き、400年ごとに閏日を省くことをやめる、というものである。

　「太陰暦」から「太陽暦」に代えたのは明治5年で、「明治5年12月3日」を「明治6年1月1日」としたのである。

　この「太陽暦」は、ヨーロッパではすでに14世紀から使用されているものであり、現在も多くの国が使っている。その原版は1582年の「グレゴリオ（グリゴリウス）暦」である。今日の暦は、日付の確認が主な機能となっている。また、「大陰暦」や「二十四節気」における日付と1カ月近くのズレがある。これらのことも重なって、年中行事に対する関心を弱める背景になってきている、という点は否定できない。

（注）例えば今日の暦になる前は「天保暦」（1844〜1873）であり、その前は「寛政暦」（1798〜1844）、「宝暦暦」（1755〜1798）というように、今日まで10の暦がある。

2月 [如月／February]

2月3日【節分】

■1 「節分」の由来と立春

　「節分」とは，文字どおり季節の分かれ目である。春夏秋冬に立春，立夏，立秋，立冬の節目があるが，それぞれの前日を「節分」としている。しかし，次第に立春の前日だけを「節分」と呼ぶようになり，年間の行事として定着してきた。

　春夏秋冬の節目をさらに区分し，1年を24に区分したものを「二十四節気(せっき)」ということは「セミナー❶」で述べた。「二十四節気」と「雑節」は，生活のための季節の目安であり，なかでも農作業の標準的な暦代わりになる。

　さて節分であるが，その日の夕暮れ，柊(ひいらぎ)の枝に焼いた鰯(いわし)の頭を刺して，戸口に立てる。また，炒った大豆を鬼打ち豆と称してまく。柊の木には棘(とげ)があり，鬼の目を刺すのに都合良く，また年輪を重ねると葉のギザギザに丸みが出て縁起が良い。鰯は冬の産物であり，脂の臭い

と焼いたときの煙の匂いが鬼を追い払うのに好都合というわけである。

2 「豆まき」の由来

豆まきの行事化は，室町時代からの風習によるもので，もとは中国からの「追儺（ついな）」という儀式に由来する。追儺は，紀元前3世紀の秦の時代に行われていて「鬼やらい」ともいい，疫病や災害を追い払うことを目的とする。

追儺は，宮中の年中行事の一つにもなっており，大晦日の夜，悪鬼を払い疫病を除く儀式である。これが遣唐使によって日本に入ってきたのは，7世紀末の白鳳文化の文武天皇（697～700年）の頃であり，その後，庶民にも広まり，明治5年の太陽暦への移行もあって今日のように節分に行われるようになっていった。

3 「節分」の背景

節分の行事化の背景は，人々の苦悩，悲しみであった。疫病や災難に定期的に襲われ，やがて人はそれを「鬼」[注1]として具象化し，豆をまくという行為で追い払おうとした。

事実，文武天皇時代の706年に疫病が蔓延し，多くの百姓が命を落とし，「鬼やらい」を行ったという記録がある。

豆をまくことには，「魔（鬼）の目を打つ豆」とか，「魔滅する豆」という縁起担ぎもあり，普及に一役買ったのであろう。

豆まきに使われる豆は「福豆」といわれている。節分の夜，年齢よ

【注1】「鬼」の語源は「隠（おん）」であり，姿のない祖霊であった。それが仏教の地獄の怖い主役に仕立てられ，金棒に角に虎柄のまといもので姿作られた。ところで，鬼は鬼門の北東から出てくると言われた。北東は「うしとら」の方角であり，そこから牛の角と虎のまといものという姿が作られたという説もある。

り1つ多く食べて，翌日の立春からの新しい年（立春正月の思想）に備えた。

　節分の頃は寒気が厳しく，風邪に気をつけ体力維持に工夫が必要である。一方では，食料の保存にも気を回さなければならない時期である。年4回の節目の中で，立春の前日の節分だけに目が向けられてきたのは，これらの問題に対応するための智恵の行事化であったという側面も一考に値しよう。

4 節分の食「恵方巻き」

　節分の日に合わせて，「恵方巻き」の販売戦略が賑やかである。「恵方」とは，その年の福徳のつかさどる神の在る方向をいう。その神を「歳徳神」といって，恵方は毎年干支によって変わってくる。恵方の反対を「鬼門」というが，その方向は「北東」とされている。

　さて「恵方巻き」であるが，何を巻くかというと「福を巻き込む」のである。実物は，七福神にちなんで「かんぴょう」，「きゅうり」，「しいたけ」，「卵焼き」，「うなぎ」，「田麩」などを中心とした七種類の具を巻き込む。

　その食べ方にも作法がある。節分の日の夜，「恵方」の方向に向かって，この太巻きを丸かぶりする。しかも，食べている間は無言でいただく。その目的は，「縁を切らないように」であるが，こうした言い伝えもまた楽しである。

　この「恵方巻き」の歴史は古く，江戸から明治初期にかけて定着したとされる。それではどこからかというと，大阪から，滋賀から，和歌山からと諸説が多いのである。さらには，海苔問屋協同組合が大阪から販売促進したのが始まりという説もある。いずれにしても，言い伝えにビジネスが絡んで，進展させてきたものと思われる。

「恵方巻き」が，なぜ近年の流行になっているのであろうか。どうやら火付け主はコンビニエンスストアのようである。コンビニチェーンを通じて全国に広まったのである。セブン-イレブン・ジャパンは，1998年から恵方巻きの全国販売を行っている。節分の日は，定番商品のおにぎりを上回る売れ行きである。今やコンビニのほとんどが，恵方巻きを年間販売計画の中に組み込んでいる。

5 「大豆」の経済学

◆ 大豆の原産国，日本への導入

「節分の日」の豆まきの風習に因んで，ここでは大豆の需給状況を明らかにしておこう。

大豆は「畑の肉」と言われており，日本人の肉食の少なさを補ってきた。主成分は蛋白質と脂質であり，ビタミンB_1，ビタミンEも含む大切な食材である。

大豆の原産地は中国であり，日本へは弥生時代半ばに伝来し，その近縁野生種であるツルマメは古事記にも説話が残されている。

豆腐，納豆，豆乳，湯葉，黄粉など，栄養上から日本人に摂取の少ない肉ばかりでなく，乳製品の摂取量の少なさも可能にしてきた大豆なのである。

◆ 大豆の低い自給率

この大豆が，近年では約95％ほども輸入頼みになっている。2002年で見ると，国内での利用量は約500万トンであり，この内，国産大豆は何と27万トンに過ぎない。この国産大豆は，種子用約7千トンを除いて，全て食品用に向けられている。輸入大豆から家畜の飼料などを除いた食品用大豆に限ってみても自給率は約25％にしかならない。

それにしても「大豆依存国・日本」の姿から程遠い自給率である。コメの転作として栽培奨励されて、大豆の収穫量が増加してきたのであるが、この転作大豆が約80％も占めている。農水省の生産目標を上回る量であるが、米国産（輸入の約80％）の価格が安いため、国内の生産基盤が強固になりにくい。国産大豆の生産性をいかに高めるか、品質をいかに向上させていけるかという課題を抱えている。

◆ 国産大豆の産地

　国産大豆の生産額は、2002年において約559億円である。この額は、農産物の品目の中では32番目である。主産地は①北海道であり86億円、続いて②佐賀県44億円、③福岡県40億円、④新潟県32億円、⑤宮城県31億円となっている。この内、転作大豆が多いのは佐賀県、福岡県、宮城県、新潟県である。

　納豆用大豆の主産地は、メーカーの多い茨城県である。また、黒大豆など高価格の大豆は岡山県、兵庫県で多い。

◆ かつての日本の大豆生産状況

　ところで、日本で大豆栽培が最も盛んだったのは、明治時代から大正時代である。作付面積で見ると、2003年の3倍ほどにもなる。その後、中国から輸入されるようになり、国内産は減少していく。戦後は増産運動により再び明治・大正時代の40万ha台に回復する。しかし、1956年以降の外貨枠の拡大で米国大豆が入り込んでくる。1961年には、大豆の輸入自由化により、今日の状況に至るのである。

　日本では2005年現在、遺伝子組換え大豆は栽培されていない。日本で育成された品種の大豆を、安心して食して楽しんでもらえるようになれるか否か、今、正に生産者側の正念場といえよう[注2]。

【注2】大豆の需給等については、農林水産省が「大豆のホームページ」で公開している。

2月8日【針供養】

1 「針供養」とは

「針供養」とは，1年間に使った針に対して感謝し，供養を行う日である。これを12月8日に行うところもある。

　針仕事は女性の仕事であった。時代を遡れば多くの女性の仕事が針仕事である。針は生活に不可欠な道具であり，それを使う仕事も根気の要る重労働である。「針供養」の日は，女性も針仕事を休み，曲がったり折れた針を，豆腐やコンニャクに刺して，果物や野菜を供えて供養をした。

　この日は，女性が針仕事から解放される日として，一昔前までは盛んな行事であった。現在では，和裁や洋裁に携わる人にとっては，変わらず重要な儀式になっている。

　針供養の後で，豆腐やコンニャクを食べたのであるが，現在でもその風習が残る所がある。

2 「豆腐・コンニャク」の経済学

◆ 豆腐屋さんの減少

　豆腐，コンニャクは日本の伝統食を代表するものである。いずれも健康食品であり，年配者には根強い需要がある。

　豆腐の良さを伝え，業界の発展のために，日本豆腐協会[注3]が設立されている。毎月12日は，「とうふ」を「10と2」で語呂合わせをして「豆腐の日」としている。

【注3】2005年4月現在，43社の会員と25社の賛助会員からなる。ホームページで情報を提供している。

豆腐は，古来からの植物性蛋白源であり，しかも大衆食品であることには変わりはない。かつては，全国いたるところに豆腐屋さんがあった。豆腐は生鮮食品であり，遠方からの輸送は不可能であったから，近くに豆腐屋さんがあったのである。

　ところが，温度管理技術と輸送手段の発展で，戦後は「豆腐屋さん」から「豆腐メーカー」へと大型化する中で，町から豆腐屋さんが姿を消していったのである。

◆ 豆腐の需要規模と推移

　豆腐の2002年における1世帯当たり年間購入額は6,928円である。この額の多少は，「納豆」の4,175円，「油揚げ・がんもどき」の3,494円と比較してほしい[注4]。

　同年の豆腐の購入量は74.6丁である。

　さて，これまでの20年間の推移であるが，購入金額で見ると，1989年に6千円台から7千円台に入っており，1992年に7,992円で一つのピークを迎えている。その後，増減の波をつくりながら，1998年に8,031円のもう一つのピークを形成してから減少を続け，冒頭で記した6,928円になっている。

　これを数量の側面から見ると，ピークは1983年の90.4丁であり，その後，減少傾向を続けている。

　こうして「購入額」と「購入量」の両面からみると，価格の上昇という現実が浮かび上がってくる。豆腐の価格上昇は，原料の大豆価格の上昇によるものである。

　豆腐の製造に使用する大豆は約50万トン，その内国産は約10％ほどである。大豆の国産志向は強まっているが，価格は2倍以上で敬遠さ

【注4】資料は総務庁「家計調査年報」。

れがちである。そこで輸入大豆に頼るのであるが、国際市況に左右され、しかも価格は上昇基調にある。

◆ 豆腐の需要の季節変動と愛好層は

豆腐が最も売れる月は8月であり、その逆は2月である。1世帯当たり年間購入量で見ると、2002年では8月が7.0丁、2月は5.5丁である。気温の上昇と共に需要が増す豆腐なのであるが、11月と12月は若干盛り返している。「冷奴」から「湯豆腐」へと「鍋物」に利用方法が切り替わるのである。

豆腐の愛好層は年配者である。これが豆腐の魅力を物語っている。2002年における年間消費量は、20歳代までの44.7丁に対して、50歳代が82.9丁、60歳代が81.6丁、70歳代になっても75.2丁とそれほど落ちていない。

豆腐の購入を地域別に見ておこう。1世帯当たりで見て、最も豆腐購入量が多いのは東北の90.2丁であり、その逆は北海道の52.5丁である。1世帯当たりであるから、家族構成に左右されるが、相当の差がある。豆腐好きの地域の2番目は四国であり、以下北陸、東海、中国、九州、関東、近畿と続く。

◆ コンニャクの需要規模と推移

コンニャクに目を移すと、2002年における1世帯当たりの年間購入額は2,469円となっている。この20年、ピークは1985年の4,161円であり、その後減少を続けていたが1991年に4,107円のピークをつくり、それ以後は減少傾向が続いている。

コンニャクは、どちらかというと冬に需要が伸びる食品である。コンビニに「おでん」の広告が出される頃から需要が増加し、12月にピークとなりその後減少を続けるという、なだらかな山型の需要の波形

である。

地域別に見ると，1世帯当たりでは東北が最も需要が多く，沖縄が最少である。全体的に見ても，やはり北高南低の傾向が出ている。

因みに「コンニャクの日」は5月29日である。コンニャクを「5と29」で語呂合わせをしたものであり，全国こんにゃく共同組合連合会が設定した。

2月11日【建国記念の日】

1 「建国記念の日」とは

「建国記念の日」は，「国民の祝日に関する法律」の改正により，1966年4月6日に「建国記念の日となる日を定める政令」により定められた「国民の祝日」である。

「国民の祝日に関する法律」第2条では，「建国をしのび，国を愛する心を養う」日となっている。

この2月11日は，もとは「紀元節」としての祝日であった。「紀元節」とは，1872（明治5）年に，この日を神武天皇[注5]の即位の日として祝日としたのである。

第二次大戦後にこれを廃止していたが，1966年に「建国記念の日」という名目で復活させることに決定し，翌年から実施してきている。

【注5】神武天皇は記紀伝承上の天皇で，前660年に橿原宮で即位したという。

■■ セミナー ── ❷

年中行事と食生活

● **年中行事の精神**

　年中行事には「食」がつきものである。儀式といえども，日常生活からかけ離れたものではない。生活の中心を占める「食」は，行事の中でも「厳粛さ」と「彩」と「楽しみ」をもたらす。「食」と儀式が合わさって年中行事を構成しているのである。

　年中行事の精神を集約すると，「感謝」と「願い」である。どの行事も，「心を正す」ところを原点にしている。年中行事は生きるための工夫である。こうした「厳粛さ」を欠いては，よい人生を歩めなかったのである。

　生きることの厳しさが強まるほど，人は何かに謙虚になる。それは先祖であり神であり自然に対してである。年中行事の中では，人は自然を上位に位置づけ，実りに感謝し，喜びを表す。

● **年中行事の食と健康**

　年中行事の「食」の側面には，健康と長寿に対する人の強い願いが表れている。自然からの食料の確保に対して，季節の節々で感謝することが年中行事の柱になっている。こうして，年中行事のなかで「食する」ということは，「栄養の量とバランスを整える」という知恵が下地になっているように思える。それは，農業の奨励と収穫物の保存，さらには病魔との戦いのための知恵に通じるものである。正月開けの「七草粥」，猛暑にウナギの「土用の丑の日」，風邪対策にカボチャを食す「冬至」など，このことを象徴する行事であろう。

● **年中行事はより良く生きるための節目**

　年中行事とは，人がより良く生きるための「年間行動予定表」である。すなわち，1年間を計画的に過ごすための節目でもあった。これを「食」の側面からみると，「生産・消費・備蓄の年間計画表」といえよう。「消費」の楽しさを，「備蓄」の厳しさで制約し，「生産」を促すという，生き抜くための知恵が年中行事そのものともいえようか。

● 地産地消と食育の背景には

　さて日本は，戦後の近代化の途上で工業化に成功すると，伝統を断ち切るかのように地域の食文化を忘れ，輸入食材に依存してきた。工業化の担い手の多くは，親元から離れた「年中行事を習得し切れなかった」人々であり，人生の主目標は「カネを稼ぐこと」と教わってきた人々である。

　戦後の工業化の「速さ」と「到達点の高さ」は，日本の誇りであり世界の注目の的であるが，その後に残された課題を見るに，実に「虚しい側面」も生み出してきているのである。

　その反省から，「地産地消」運動が起こり「食育」も見直されてきている。これは戦後の誤った方向を正す大きな変化の一つである。しかし，これが社会に成果をもたらすためには，「年中行事」に込められた先人の知恵を大切にしなければならないように思える。

　同じ自然環境の中で培ってきた先人の精神を，改めて問うてみる姿勢が大切なのである。

2月14日【バレンタイン・デー】

1 「バレンタイン・デー」の由来

　日本でも，2月14日に女性から男性にチョコレートを贈る日として定着してきている。なぜ「愛の告白の日」なのであろうか，なぜ2月14日なのであろうか，なぜチョコレートなのであろうか。

　バレンタイン・デーのような，男女出会いの場につながる行事は古代ローマに遡るようである。「バレンタイン」とは，269年頃に殉教死したローマの司祭であった聖バレンタインに由来する。

　当時，ローマではキリスト教は異教であり，313年に公認されるま

で皇帝ゲラシウスは，兵としての男性を勇敢にするために結婚を禁止していた。バレンタインはこの政策に反対し，キリスト教義に基づき愛を説いて結婚を奨めていた。これが理由で，269年頃に処刑されてしまう。

遺体の発見された地に聖バレンティノ教会が建てられ，バレンタインは聖人とされて，1644年に2月14日が祝日と制定された。これが，聖バレンタインが愛の守護神とされている理由である。

2 チョコレートを贈る理由

2月14日は，聖バレンタインの死を悼む宗教上の行事であるが，14世紀頃から若者の愛のプレゼントの日に変わっていったといわれている。

ところで，日本でチョコレートを贈ることの慣習はどのように定着していったのであろうか。

朝日新聞1996年9月21日付によると，1958年2月にメリーチョコレート会社は東京・新宿の伊勢丹で「バレンタインセール」の看板を出している。60年には森永製菓が新聞紙上でバレンタイン企画を出し，チョコレートの販売促進を行っている。しかし，ハート型のチョコの売り出しにもかかわらず，当初はそれほど盛り上がりをみせたわけではなかった。今日のような一般化につながる時期は1970年代の半ばからである。

このようにバレンタインにチョコレートを，という慣習はチョコレート会社のマーケティング戦略によるところが大きい。しかし，愛の告白にはチョコレートがお似合いという側面もある。チョコレートのもつ甘さと香りが，女性からのプレゼントに相応しい。

3 「チョコレート」の経済学

◆ 国産チョコレートの販売額とバレンタイン・デーの比重

　日本チョコレート・ココア協会によると，2002年における国産チョコレートの販売額は約4千億円，その内バレンタイン・デーで販売されるのは約500億円であり，その割合は12％前後となっている。

　次に，国産チョコレート販売額の推移を見ると，1974年から販売額に勢いがつき始めている。販売額のピークは1991年の4,421億円であり，その後，景気の落ち込みを反映して，減少傾向の中で増減を繰り返している[注6]。

◆ バレンタイン・チョコレートの規模と推移

　また，バレンタイン・チョコレートの販売額を見ると，急増に転じたのはやはり1974年である。その頃は，国産市場に占めるバレンタイン・チョコレートの割合は5.5％前後であったが，販売額でピークをつくった1994年には13％にもなっている。このピーク以降，バレンタイン・チョコレートの販売額は小さな増減をつくりながらもほぼ500億円前後で推移している[注7]。バレンタイン・チョコレートの購入には，主体的な理由がある。これが景気の波に合わせた増減幅になっていない理由なのであろう。義理チョコといえども，そこには様々な思惑が込められており，一度形成された慣習の根強さを示している。但し，この慣習が職場組織の中で「止むを得ず」という動機で維持されている側面もあろう。こうした女性側の共通の悩みを表面化させ，「義理

【注6】日本チョコレート・ココア協会の推計値は，2005年3月時点でのホームページによる。
【注7】資料は同上のものによる。

チョコは皆で止めよう」という動きも出始めている。その一例が，東京都庁である。1998年に，慣例・慣行の見直しを打ち出し，「バレンタイン・デーなどの贈り物はしない」という項目が盛り込まれた。このような動きが広まると，義理チョコを減らして，あげたい人に少し高品質のものを，という風潮が強まることになろうか[注8]。

◆ チョコレート需要は拡大傾向

次に，国産に限らず輸入チョコレートも合わせて，1世帯当たり年間のチョコレートの購入状況を明らかにする。2004年において，その額は4,104円である。この額の大きさを，「ケーキ」の7,804円，「アイスクリーム」の7,088円，「スナック菓子」の4,114円と比較して判断してほしい。

チョコレート需要は拡大基調にある。年間購入額が3,000円を超えたのは1989年であり，2002年に4,000円台に乗ったのである。

日本人のチョコレート消費量を，世界の中で見てみよう。日本人1人当たり年間2.18kgの消費量であるが，多くの先進国では次のように

【先進諸国のチョコレート消費量】
①スイス［10.75kg］ ②ドイツ［9.93kg］ ③オーストリア［9.13kg］ ④デンマーク［9.11kg］ ⑤アイルランド［8.98kg］ ⑥イギリス［8.45kg］ ⑦ノルウェー［8.12kg］ ⑧ベルギー［7.06kg］ ⑨フランス［5.89kg］ ⑩オーストラリア［5.89kg］ ⑪スウェーデン［5.85kg］ ⑫アメリカ［5.28kg］

（注）日本チョコレート協会の推計値より。2005年3月時点でのホームページを参照。

【注8】東京のプランタン銀座のアンケート調査によると，義理チョコは2002年から減少し，同時にチョコレート1個当たりの価格が高まっている。「日本経済新聞」2005年1月23日付。

なっている。

　先進国の1つの象徴が、チョコレート消費であろうか。日本の将来の参考になろう。

◆ **月別購入額を見るとやはり**

　2002年において、1世帯当たり月別購入額を見ると、2月は991円と突出している。2番目は12月であるが439円、3番目は1月の385円となっている。逆に需要が弱いのは夏であり、7月は155円、8月は164円、6月は201円となっている。

　最後に、2002年度における、日本のチョコレートメーカーと販売シェアを示しておこう。

【チョコレートの販売シェア】
①明治製菓［27.3％］　②ロッテ［20.8％］　③江崎グリコ［13.8％］
④森永製菓［11.7％］　⑤不二家［6.9％］　⑥その他［19.5％］

（注）㈱総合食品研究所『食品・酒類マーケティングハンドブック』2004年、92頁。

　国産チョコレート市場は上位メーカー5社で過半のシェアを占めている。このような状況を寡占というが、チョコレート業界も例外ではないのである。

3月 [弥生／March]

3月3日【桃の節句・ひな祭り】

1 「桃の節句」とは

3月3日は「桃の節句」,「上巳(じょうし)の節句」,「ひな祭り」である。色々な表現の仕方があるが,「女子の健やかな成長と子孫繁栄を願う行事」である。

桃の節句は「五節句」の1つである。五節句とは,年5度の節句のことであり,江戸幕府が式日(儀式の日)と定めたが,1873(明治6)年に廃止された。しかし,その行事は民間で継承されてきている。

ここに五節句を紹介し,「お祓(はら)え」に用いた季節の主な植物を掲げておこう。

3月3日の「桃の節句」はもともと「上巳の節句」であった。「上巳」とは,陰暦3月の初めの「巳(み)の日」のことで,古代中国では悪日として忌み嫌う日としていた。ここから祓いの行事が行われるようになり,今日の桃の節句になったのである。

【五節句と祓えの植物】

①正月7日の「人日(じんじつ)」…七草　　②3月3日の「上巳(じょうし)」…桃, 蓬(よもぎ)
③5月5日の「端午(たんご)」…菖蒲(しょうぶ)　　④7月7日の「七夕(しちせき)」…竹, 瓜(うり)
⑤9月9日の「重陽(ちょうよう)」…菊

2 「雛人形(ひな)」の背景には

　日本には古来より「祓え」の信仰があった。穢(けが)れを清めるために,お祓えをすることである。穢れや禁忌(きんき)に触れてしまったときに,自分の持ち物を提供して,お祓えをしてもらうのである。

　一方,中国には陰暦3月3日に行われる「曲水の宴」があり,細い曲がりくねった水の流れに杯を流し,その杯が到着するまでに詩歌を詠み終えるというもので,日本では大和時代の顕宗天皇元(485)年に初めて行われている。

　この2つの行事が合わさり,「巳の日の祓え」となって,穢れや災いを「人形(ひとがた)」に身代わりにし,身体を撫(な)でた「撫で物」として川や海に流すという風習ができた。今日でも残る鳥取の「流し雛(びな)」の風習がそれである。

　この「人形や撫で物」が装飾され観賞用となって,雛人形(ひなにんぎょう)が3月3日の象徴になってくるのである。

　女子が誕生して初めての節句を「初節句」といい,その子の母方の親が,孫に災いが降りかからないようにと,身代わりの雛人形を贈る習慣は今も残されている。

3 「雛人形」の歴史と，徳川家康の孫との関連

　身代わりの「人形(ひとがた)」から紙の雛(ひな)が作られるようになり，室町時代に入って，鑑賞に堪えられる雛（室町雛）が作られている。

　しかし，綺麗に着飾った雛人形が雛壇に鎮座されるようになったのは，3代将軍である徳川家光の寛永に入ってからである。徳川家康の孫，東福門院（和子）が作らせた雛人形が初めである。

　東福門院は，二代将軍秀忠の娘である。東福門院すなわち和子は，徳川幕府による朝廷懐柔(かいじゅう)策のために，14歳で後水尾天皇の中宮となった。そして，1623（元和9）年に皇女興子が，1626（寛永3）年には高仁親王が生まれる。しかし，寛永5年に高仁親王が亡くなり，紫衣事件注1や春日局事件注2のために，後水尾天皇は6歳の興子に天皇を譲位してしまった。

　東福門院は，奈良時代以来の女帝の誕生に，興子の結婚を諦(あきら)め，夫婦の座り雛を作らせ，子の幸せを願った。そのモデルは，美女小野小町と美男の在原業平(ありわらのなりひら)である。これが今日の雛人形に近い似たものといわれている。

　このように，雛人形が飾られるようになったのは江戸時代の寛永（1624〜43）からであり，男雛12cm，女雛9cmで，その後の雛人形の原型ともいえるものであった。その後これが「寛永雛(かんえいひな)」と呼ばれている。寛永雛を高級にした「享保雛(きょうほひな)」（1716〜35）になり，また寛延（1748〜50）には「二段飾り」になり，明和（1764〜71）には「三段

【注1】紫衣事件とは，これまで僧侶の紫の衣すなわち紫衣の着用は天皇の勅許によることであったが，家康の禁中並公家諸法度の発布により，天皇にその権限はないとして，秀忠は70人余りの僧侶から紫衣を剥奪したこと。
【注2】春日局事件とは，家光の乳母である斉藤福が，三条西家の一員として宮中に参内し，中宮和子から「春日局」という地位を得たこと。

飾り」，天保（1830～43）には「七段飾り」となって，今日のかたちになっている。

4 「上巳の節句」がなぜ「桃の節句」に

「桃」は「木」へんに「兆」である。「兆」は「多数」であり，子どもに恵まれる願いをかけている。桃は結ぶ実も多く，生命力に富んでいる。その実は豪華で，栄養価も高い。ここから，魔を払う木としての言い伝えがある。「兆」は「きざし」であり，未来を占うという意味から，魔を払うという俗信も伝えられている。

こうして，鬼退治の主人公は「桃太郎」なのである。

中国から伝わる「桃源郷」という表現も[注3]，秦の戦乱の世を避けて，桃の木に囲まれた平和な地に隠れ住む人々の物語であった。

このように，「桃」の節句は，桃に由来する女の子の幸福に相応しい言い伝えと，3月3日は桃の花芽が膨らみ，楽しみを増す時節でもあったからということである。

5 「桃の節句」の食の経済学

◆ 雛壇をよく見てみると

雛壇には，沢山の供え物や道具が飾られている。

まず最上段には「桃花酒」がある。室町時代よりこのように称するのであるが，もともとは白酒（濁り酒）に桃の花を浸したものである。白酒が売り歩かれる記録は，江戸時代後期に残されている[注4]。

二段目には三人官女が飾られているが，間に紅白の「丸餅」が置か

【注3】「桃源郷」は詩人・陶淵明（365～427）の「桃花源記」に描かれた理想郷のこと。
【注4】新谷尚紀監修『日本の「行事」と「食」のしきたり』青春出版社，2004年，89頁参照。

れている。赤は魔除けで，白は清浄を表している。

　また，この段の両端に「貝桶」が並べられることがある。「貝合わせ」の遊びに使う蛤の貝を入れておく。この遊びは平安時代の末期からのことで，蛤の貝はけっして他の貝とかみ合わないという事実を利用して，左右の貝を合わせるゲームである。ここから「一夫一婦」の象徴として，蛤が３月３日の祝い膳や結婚式のお吸い物に利用されるようになった。

　三段目は五人囃子であり，地謡，笛，小鼓，大鼓，太鼓の役の５つの人形である。

　四段目は随身である。向かって右は位が上の左大臣で左が右大臣である。二人の間に「御膳」と「菱餅」が飾られる。

◆「菱餅」の由来は

　「御膳」は一汁三菜であり，それと並ぶ「菱餅」には，インド仏典の説話から次のようないわれがある。住民は繰り返される洪水に悩み，いけにえに女の子を天狗に渡していたのだが，ある年，「菱」の実を天狗に捧げてみると洪水は治まった，という説話である。そこから，菱餅が飾られるようになったというものである。

　「菱」とは，ヒシ科の一年生水草である。「菱」は，水面に菱形の葉を沢山茂らせる。それは，子孫の繁栄を連想させた。「菱」は洪水を治めるものであり，子孫繁栄の縁起物というわけである。これが，後に「菱餅」が飾られるようになった理由である。

　菱餅は，３色で彩られている。緑，白，赤の３色であるが，緑は蓬を初め萌える色，白は澄んだ空気，赤は桃を実らせる太陽である。蓬は，邪気を祓う薬草とされ，餅の中に搗きこんで食していた。これを「蓬餅」といい，室町時代から食べ継がれてきて「草餅」と称されるようになっている。

桃の節句には、白酒、蛤などの貝類、菱餅、雛あられ、草餅が並べられて、女子の健やかな成長と子孫繁栄を願ったのである。

◆ 江戸時代の「桃の節句」の日の風景と自然の恵み

　時は江戸時代の2月後半、庶民の心は「桃の節句」の準備に向けられる。雛市では次第に賑わしさを増し、通りには時折「白酒」の振り売り商人が姿を現すようになってくる。雛市の中でも、現在の東京・日本橋室町三丁目に位置した「十軒店」の賑わいがひと際であったが、尾張町にも麹町にも同じような光景が見られた。

　「白酒」は庶民の間でも人気が増し、女性の間でも待ち焦がれられるようになる。この頃の「白酒」は、味醂を入れて蒸した米と麹を混ぜながら熟成させたもので、甘さが強い酒である。これは夏に向けて人気を増す「甘酒」であり、トロリとして子供でも食せるものであり、戦後も家庭でよく作られた。酒粕を溶かして甘みをつけた甘酒とは、異なるものである。当時の「白酒」の人気の高さは、京都の酒屋で造り始められた「山川酒」という銘柄が存在したことでも窺い知れる。

　江戸の3月になると、桃の蕾が膨らみ、花開く噂が聞かれるようになってくる。3月初めには、陽気のよさと春の芽吹きで、野や河原で遊ぶ「野駆」の予定で心が躍る。野駆に出れば、女性たちは春の野草摘みに夢中になる。蓬、土筆、芹など、目にすれば自然に手が動き出すものばかりである。

　また、3月初めは潮干狩りの季節である。荷物を運ぶ伝馬船や荷足船で沖合いに出て、潮が引いたら蛤や浅蜊を拾うのである。3月3日の「桃の節句」の頃は、潮の干満の差が大きく、最も潮干狩りに好条件なのである[注5]。

【注5】「桃の節句」の時節の江戸の生活ぶりを、俳句を織り交ぜながら軽妙に描いたものに、大久保洋子監修『江戸っ子は何を食べていたか』青春出版社、2005年、125頁～132頁がある。

江戸の生活は，自然をうまく利用するものであった。3月3日の「桃の節句」の祝い食には，自然の恵みがふんだんに用いられている。自然の恵み，すなわち野のもの海のものの各々の旬を鋭く嗅ぎ分けて，「桃の節句」が成り立っているといってもよいであろう。
　「桃の節句」も，自然との調和で高められてきた行事の一つなのである。

3月14日【ホワイト・デー】

1 「ホワイト・デー」は日本の行事

　「ホワイト・デー」は，バレンタイン・デーにプレゼントされたチョコレートの返礼の日である。「義理チョコ」であっても，それに対するお返しのプレゼントを考えるのは，男性にとって楽しみの一つとなっていよう。
　お返しが「キャンデー」あるいは「マシュマロ」というと，何やら企業戦略のレールに乗せられている感じもする。そこで多くの男性は，プレゼントの内容に工夫を凝らすようになってきている。これが高じて「2倍返し，3倍返し」の域を超えてしまう場合も多いようだ。
　ところで，このホワイト・デーは日本独自の行事である。「プレゼントされれば，お返しを」というのは，珍しくはないが，「お返しの日」を設けるというのが何とも日本らしい。「義理人情も皆一緒に」といった感じであるが，「心遣いに対しては，厚くお礼を」という日本文化が背景にあるようにも思える。

2 「ホワイト・デー」の誕生は

 「ホワイト・デー」の原型は，福岡の菓子メーカーである「石村萬盛堂」によるものであり，1977年のことであった。同メーカーが，同年3月14日に「マシュマロ」を販売し「マシュマロ・デー」としたのである。翌年，銘菓「鶴の子」で知られる同メーカーが「ホワイト・デー」と命名している[注6]。
 同年，キャンデー業界でつくる「全国飴菓子工業協同組合」はホワイト・デー委員会を組織し，1980年3月14日を正式に「第一回ホワイト・デー」とした。この頃，バレンタイン・デーのお返しの風潮が広まってきており，同協同組合が「ホワイト・デーはキャンデーを贈る日」と宣伝すると，ホワイト・デーが公式行事であるかのように走り出したのである。

3 「ホワイト・デー」の経済学（返礼の論理と贈与の論理）

◆「ホワイト・デー」の非論理性
 「贈答・返礼」には，長年培われてきたルールのようなものがある。それは礼儀作法として，一般的にはそれほど頭を悩ますことなく，日常生活の中で取り交わされていくものになっている。ところが，「ホワイト・デー」にはそうはいかない一面がある。
 まず，返礼の期日が3月14日と決められていて，それを実行するもしないも本人次第ときている。お返しをすると決めていても，なかなか贈り物が定まらない。贈り物の相場も相手によって変えなければな

【注6】 家庭総合研究会『昭和・平成家庭史（1926-1995）』河出書房新社，1997年，450頁参照。

らないし，人によってはその数が多いということもある。

　したがって，3月14日が近づくと，悩みも大きくなっていくのであるが，必ずしも苦痛が伴うものでもない。それどころか，それが喜びであるという男性の方が圧倒的に多い。「ホワイト・デー」は，表向きは非論理的なのである。

◆ 経済の論理で片づかない「ホワイト・デー」

　「バレンタイン・デー」のチョコレートには，「本命」も「義理」もあるという。「本命」か「義理」かが明確であれば，対応も楽であろうが，それがはっきりしないというケースも多いらしい。「義理チョコ」にも，込められるメッセージが千差万別であり，当然，判然としないまま返礼を余儀なくされることになる。

　返礼は礼儀であるとしても，女性の側がそれを必ずしも求めていないというアンケート結果がある。高価なものをお返しして，逆に相手を困らせるということがある。

　「ホワイト・デー」はマシュマロで，キャンデーで，という訳にもいかないケースがある。「3倍返し」が一つの基準といっても，男性側からするとそれを一般化できるほど簡単なことではない。「ホワイト・デー」には，経済の論理が通用しないのである。

　「ホワイト・デー」には，経済の論理を超える役割があるのであろう。お中元，お歳暮とは異なった役割である。それは，男女間の関係をスッキリ，ドライにする効用があるのではないだろうか。「男女間」を「人間同士の関係」にする役割である。贈って，返礼をして，より生きやすい，働きやすい男女関係に向かうものでなければ，こうした風習は続かなかったはずである。

　「バレンタイン・デー」の市場規模は1,300億円，「ホワイト・デー」の市場規模は500億円という推計がある[注7]。

日本記念日協会の推計によると，これは年間記念日の2位と8位にランクされる規模である。これほどの規模になるには，「本命関係」，「家族関係」を一部に含む「社会的人間」としての贈与・返礼の関係の広がりでなければならない。

◆ **女性の側から「ホワイト・デー」を見ると**

　次に，1万5千人以上が参加したというアンケート調査に基づいて，「社会的人間」としての女性の本音を紹介しておこう。

　「社会的人間」としてのチョコレート贈与であるから「義理チョコ」であり，「お返しには何が欲しいか？」という質問に答えた結果は次の通りである。

【義理チョコのお返しに何が欲しいか】

①もらわない［31.9%］　②クッキー［27.7%］　③その他のお菓子［14.8%］　④チョコレート［10.5%］　⑤キャンデー［5.7%］

（注）株式会社ウイスダによる調査結果，http://www.foods.co.jp/より。2005年5月現在。

　以上で，アンケート参加女性の90%を超えている。

　次に，「義理チョコのお返し希望予算は？」に答えて，次のようになっている。

【義理チョコのお返し希望予算は】

①501円〜1,000円［34.7%］　②もらわない［30.1%］　③500円以下［22.7%］　④1,001円〜3,000円［10.3%］

（注）同上。

　以上で97.8%にもなる。

　「ホワイト・デー」で悩んでいた男性からすると，この多くの女性

【注7】http://www.nihonn.com.による。

の心理が参考になると思う。女性の本音は,やはりスッキリ,ドライに,なのである。良き社会のパートナーとして,素朴な思いやりが望まれている。

　このように捉えると,「バレンタイン・デー」と「ホワイト・デー」は,やはりこれからも楽しみな行事として続いていくに違いない。

3月18日〜24日【彼岸・春分の日】

1 「彼岸」と「春分の日」,「秋分の日」

　「彼岸」には「春彼岸」と「秋彼岸」があり,「春分の日」と「秋分の日」を中日[注8]にした前後3日間を合わせた7日間ずつとなっている。初日は「彼岸の入り」という。

　「春分」と「秋分」は,太陽が真東から昇り真西に沈み,昼と夜の長さが同じになるところである。「暑さ寒さも彼岸まで」という言葉どおり,「彼岸」は季節の変わり目に行われる仏教上の行事である。

　「彼岸」とは,「河の向こう岸」のことであり,これに対して「現世」を「此岸」という。河の向こう岸は,阿弥陀仏の極楽浄土であり,先祖の霊が在るところである。

　彼岸の時は,真西の極楽浄土が最も近くなる日であり,祖先の霊をなぐさめ,自分の極楽往生も願って,お墓参りをする日となっている。

　近年の通念では,彼岸といえばお墓参りの日,お坊さんにお経をあげてもらう日あるいは先祖に心を向けて霊に供え物をする日ということになっている。こうした風習は,1948年制定の「国民の祝日に関する法律」で,「春分の日」を「自然をたたえ,生物をいつくしむ日」

【注8】「春分の日」と「秋分の日」が「中日」であることを決めたのは,1844（天保15）年から現在の太陽暦が採用された1872（明治5）年までの「天保暦」からである。今日では,「中日」の決定は前年の2月に国立天文台から発表されている。

としたせいであろうか,「秋彼岸」の方に色濃く引き継がれてきている。

2 「彼岸」の歴史

　日本で初めて「彼岸会(ひがんえ)」を執り行ったのは,平安初期の806（延暦25）年,桓武天皇の崩御の年である。桓武天皇は,政治上の争いから自身に向けた弟の怨霊を鎮め,流行っていた天然痘を抑えるために彼岸会を開催したといわれている。

　江戸時代になって,彼岸は庶民の間の行事になったのであるが,1843（天保14）年,彼岸は春分と秋分を中日として前後3日の7日間になり,今日に受け継がれている。

　1878（明治11）年,「春分の日」,「秋分の日」は,天皇が歴代の天皇を祭る「国家の祝日」となった。これを「春季皇霊祭」,「秋季皇霊祭」というが,1948年に祝日法によって「国民の祝日」になった。これによって,「春分の日」は「自然をたたえ,生物をいつくしむ」日になり,「秋分の日」は「祖先をうやまい,なくなった人々をしのぶ」日になった。

3 「彼岸」が7日間である理由

　ところで彼岸はなぜ7日間なのであろうか。それは,煩悩(ぼんのう)（心身を煩わす妄念）を断ち,涅槃(ねはん)（静寂）の境地で「河の向こう岸」すなわち彼岸に着くためには7日間の修行を必要とするからである。これを「波羅蜜多(はらみつた)」といい,ここに至るには次の「六つの徳目（六波羅蜜）」を修行しなければならない。
　①布施(ふせ)…財を施し,真理を教え,安心を与えること。

②持戒…戒律を守ること。
③忍辱…苦しさに耐え忍ぶこと。
④精進…常に仏道にそって努力すること。
⑤禅定…心を静めて宗教的瞑想に入ること。
⑥智慧…道理を正しく判断する力を身につけること。

正に，彼岸は誠に厳かな行事なのである。

4 彼岸の食「ぼたもち（おはぎ）」

彼岸の食といえば「ぼたもち」あるいは「おはぎ」である。小豆で作った「あんこ」を，炊き上げて練ったもち米にからませたものである。

「ぼたもち」は「牡丹餅」であり，「おはぎ」は「お萩」であり，季節の違いを表現している。春のお彼岸には「ぼたもち」を，秋の彼岸には「おはぎ」を食べる，といえば季節の趣きを汲んだ表現といえよ

うか。しかしそれは一般的とはいえず,「ぼたもち」,「おはぎ」は地域の呼称という色合いが強い。

　春と秋の彼岸は,先祖の霊を供養することを共通にしながらも,春には豊穣を祈念し,秋には収穫を感謝しながら,「ぼたもち(おはぎ)」を神に捧げて食するのである。

　彼岸の入りには,お墓の掃除をして,「ぼたもち(おはぎ)」を作り,お供え物とする。これを「迎えだんご」という。彼岸の7日目には「送りだんご」といって,お供えをして,お参りの後に家族で食するのである。

5 「ぼたもち(おはぎ)」の食材・小豆の経済学

◆「あんこ」の原料について

　「ぼたもち(おはぎ)」には,「もち米」と「あんこ」を使う。「あんこ」の原料は,次のように小豆や大納言,いんげん,金時,えんどう等などを使う。

○「小豆」は,古来より生活や儀式に用いられてきたもので,今日では国産小豆100%の「あんこ」は上等になる。

○「大納言」は,小豆の中で大粒の品種で,種皮が破れにくい特徴をもっている。これは「小倉あん」や「甘納豆」に使われる豆である。

○「いんげん」は,「てぼ(手亡)」,「白いんげん」ともいわれるものである。主として「白あん」の原料に使われる。

○「金時」は,いんげん豆の一品種で,赤系と白系がある。なかでも「大正金時」の赤紫色の「あん」が菓子類に利用されることが多い。

○「えんどう」は,「青」と「赤」がある。「青えんどう」は,煮豆

や「うぐいすあん」に用いられ，「赤えんどう」は，塩ゆで，蜜豆，豆大福などに利用される。

◆「小豆」の効用

さて，「小豆」の話に絞ると，「小豆」の使われ方は，製あん用と菓子類用が中心であり，両方で約80%になる。他が日常の煮豆などに使われる分となる。

一般に，豆類は栄養が豊富で，多様である。健康を維持するのに適した，大変優れた食物である。「小豆」も例外ではない。コレステロールを下げたり，老化を防いだり，貧血に対する予防効果を持っている。蛋白質は豊富であり，ビタミンE，ビタミンB_1，B_2，B_6等，バランスのとれた栄養成分を有している。

◆ 日本人と「あんこ」

「小豆」は元を探ればやはり中国から伝来したものであろう。「あんこ」の日本での利用は古く，初期は推古天皇の頃と言われている。「あんこ」がよく登場するようになるのは，室町時代の中期からである。今日のような製法で利用されるようになったのは，江戸時代からのことである。

◆「小豆」の産地と生産

日本は，食生活の中で「小豆」をよく利用する数少ない国である。「小豆」を利用する国々は極東に位置する諸国で，日本の他に韓国，中国，ブータン等がある。したがって，「小豆」の生産国も限られてくるが，日本の近年の自給率は大体60%である。日本の国内生産量は約6万トンであり，これに対して年間消費量は約10万トンである。国内不足分は，中国に9割前後を依存している。

日本における小豆生産のピークは，1970年代の15万トンであった。小豆も自給率を低めてきているのである。主な生産地域は北海道であり，7〜8割を占めている。このうち3〜4割を生産しているのが十勝であり，これに次ぐのが2割前後生産する上川である[注9]。

◆「あんこ」の需要期

　需要面では，年間を通じて最盛期が2つある。1つは，正月需要の12月から1月の需要，2つ目は，彼岸，節句の需要期で3月から5月にかけてである。日本の食生活の変化により，「あんこ」への需要が減り「小豆」の販売量を減らしてきた。しかし近年，和菓子人気もあり，「あんこ」への需要も安定してきている。

　「ぼたもち（おはぎ）」といえば，古来より日本人に喜びをもたらしてきた食品である。慶事には欠かせない「ぼたもち（おはぎ）」を民族食として将来に伝えていくためにも，国内の小豆生産地を大切にしていきたいものである。

【注9】農林水産省各資料より。

4月 [卯月／April]

4月29日【みどりの日 (「昭和の日」へ)】

❶「みどりの日」とは

「みどりの日」は,「国民の祝日に関する法律」により制定された国民の祝日である。

同法第2条では,「自然に親しむとともにその恩恵に感謝し,豊かな心をはぐくむ」日とされている。

「みどりの日」は,1989年に制定されているのであるが,もとは昭和天皇(1901～在位26～89年)の誕生日を記念する天皇誕生日であった。

「みどりの日」としたのも,昭和天皇の研究分野が海洋生物学であり,自然を愛する御姿勢に基づいている。また,4月23日からこの29日までを,「みどりの週間」として植樹祭や自然と親しむ催しが開かれている。

「天皇誕生日」から「みどりの日」として,祝日が引き継がれたた

めに，ゴールデンウイークの最初の日が残されることになった。60余年にわたる天皇誕生日としての祝日は，国民に慣れ親しまれており[注1]，「みどりの日」としてその祝日が残るのは国民の歓迎とするところであろう。

ところで，2000年と2003年に，「みどりの日」を「昭和の日」にする祝日改正法案が出された。しかし，国会混乱や衆議院解散で廃案になった。ところが，2005年に，同じ法案が出された。なぜ「昭和の日」が望まれるのであろうか。法案では，「昭和の日」を「激動の日々を経て，復興を遂げた昭和の時代を顧み，国の将来に思いをいたす」日としている。

2005年5月，ようやく「みどりの日」を「昭和の日」に改める祝日改正法が成立した。2007年から「昭和の日」として連休を楽しませることになった。

【注1】昭和天皇の在位期間は64年であり，「昭和」は日本の元号の中で最長となった。

■■セミナー ③
年中行事の食と健康

● **年中行事の食材**
　年中行事には様々な食材が用いられる。年中行事の食品から素材を考えると，多くが穀物であり，野菜や芋類，魚類が利用されている。餅，団子，おはぎ（ぼたもち），粽，柏餅，そば，そうめん，豆腐，おしるこ，粥など，これらの原料は穀物である。おせち，雑煮の具，七草，サトイモ，カボチャ，ナス，コンニャクなど，これらは全て地域産の野菜類である。これらに魚類が添えられ，日本酒が加わる。

● **行事食の条件**
　行事に，地域の産物を利用するのは当然のことである。行事食は，その

地域の風土から無理なく確保できる食材でなければならない。行事が庶民に広まるとき，そうであることが条件になる。行事食で注目されるのは，食材の素材の保存法が計算に入れられており，食メニューは体力の維持に通じるものにしていることである。

● 地域風土と食と健康

　食品輸入の急増で，省みられる機会が減ってしまったが，「地域風土の食材とその住民の健康」というテーマは重要である。先祖の摂取してきた食材を捨てて，健康を損なうということには，理に適ったそれなりの理由があるようである。地域の人には，その地域の食材で作られてきた体の機能がある。日本人全体から見ると，酒を飲めない人の割合が高い，牛乳を充分消化できない人がいる，穀物食中心であったために腸が長いなど，風土で作られてきた特質があるのである。

● 民族食（和食）を軽んじる「つけ」

　戦後の食の欧米化，外食化が，日本人の栄養摂取の内容を大きく変えてきた。肉や油脂の摂取を，歴史上の一瞬の内に急増させてきたために，とうとう生活習慣病が広がり，しかも小・中学生までが糖尿病予備軍入りしてしまった。寿命は延びても，医療費の急増を見ると，本当の幸せとはどうあるべきかを考えさせられる。健康で寿命を延ばすには，やはり日本の風土にまで考えを及ばす必要があるのかもしれない。日本食再考というわけである。

● 「食生活指針」と行事食

　2000年3月，農林水産省，厚生労働省，文部科学省は初めての共同施策である「食生活指針」を公表した。その骨子は，①穀類をしっかり摂ろう，②野菜，果実，豆類，魚などを組み合わせて，③脂肪，食塩を控えめに，④食文化や地域産物を活かそう，など10項目である。この「食生活指針」作成を巡って，各省のねらいは次のようになっている。農水省は食材の国産品奨励（自給率向上）を図りたい，厚生労働省は生活習慣病を改善して医療費を削減したい，文部科学省は「食育」のすすめを普及したい。
　「食生活指針」の必要性が，日本人の食生活のあり方を問い直すべきであることを物語っている。「食生活指針」の骨子は，正に行事によって伝えられてきた食内容そのものである。食文化や地域食材の原点は，受け継がれてきた行事食のなかにある。今後，私たちが日本の年中行事をどのように見つめていくかは，やはり民族の命運を決することなのかもしれない。

5月 [皐月／May]

5月3日【憲法記念日】

1 「憲法記念日」とは

「憲法記念日」は，1948年7月の「国民の祝日に関する法律」で制定された国民の祝日である。

同法第2条では，憲法記念日は「日本国憲法の施行を記念し，国の成長を期する」日となっている。

日本国憲法は，第二次大戦の後，大日本帝国憲法を全面的に改正し，1946年11月3日に公布し，翌1947年5月3日から施行したものである。これを記念して，先の「祝日法」によって「憲法記念日」が制定されたのである。

日本国憲法は，三権分立，民主主義，国民主権，平和主義を土台にしている。そのために，象徴としての天皇，国権の最高機関としての国会，行政権の主体たる内閣の国会に対する連帯責任，戦争の放棄，基本的人権の確立を目的にしている。

■■セミナー ④

年中行事の食に「乳」と「肉」がない理由

● 伝統的な行事食に「乳」と「肉」が伴わない理由

　日本の伝統的な年中行事の食に，乳製品と肉製品が伴わない。伝統的な行事食の原料は，穀物，根菜類，野菜が中心で，それらに魚類と酒が加わる。なぜ，このような食材なのであろうか。

　それに対する答えは簡単なことで，乳製品も肉製品も日本の古来からの食物ではなかったからである。今では，日常の食生活に欠かせない乳製品と肉製品であるが，日本の風土にはこれらを補える食材があったのである。栄養的には，大豆を初めとする穀物と魚類で充分に足りたのである。

● なぜ今日，「乳」と「肉」が好まれるのか

　乳製品と肉製品の消費が伸びたのには，文化的および経済的な様々な理由がある。牛乳，バター，チーズ，ヨーグルトなどの乳製品の消費が増加してきた背景に，栄養摂取や食スタイルの欧風化があった。肉食文化が定着したのは，料理法において「煮る」だけでなく「焼く」技法が導入されたことが大きい。肉を焼くことによる香ばしさが食欲を誘うのである。

　乳製品も肉製品も，その消費の増加のためには経済力が伴わなければならない。戦後の高度経済成長が，それの条件をクリアしてきた。

● 日本における長い肉食史とそれを禁忌する風潮

　日本には肉食を中心にした食文化の歴史はないが，肉食の歴史は長い。雉子，鴨，山鳥等の鳥類は勿論のこと，鹿，猪，熊，兎などの動物も食してきている。身近な動物の多くは，日本人の食の対象になってきているのである。

　それでも日本には，肉食のはっきりした伝承記録がない。宗教の教義や為政者のお触れを建前とすると，日本には1300年を超える肉食史がないのである。肉は美味しく滋養に富むが，肉食を中心にする農業体系は日本の風土と社会関係に合わないと判断されたのである。仏教の不殺生戒，神道の肉食禁忌，戦時における牛馬の軍用，切支丹の弾圧，生類憐みの令などは，それを裏付ける史実である。

しかし，それでも肉食が絶えたことはないようである。1872（明治5）年，明治天皇が牛肉を試食したことが公にされて以来，肉食は漸く日向の歴史に綴られ始めるのである。

● **伝統的な行事食の食材は，日本人の食文化の原型**
　日本人の乳製品と肉製品の消費量は，今日でも，欧米諸国から見ると極端に少ない方である。それらを食せる条件が整っても，やはり風土と食の関連性は強いということなのである。
　戦後の動向を見ると，それでも肉消費量の増加は急激であるといわざるをえない。日本人の体質も風土に規定されてつくられてきた。長い歴史の中の「一瞬の変化」は，どこかに不自然さの弊害を露呈させてしまう。大腸がん，高血圧，心疾患，糖尿病など，近年，生活習慣病と警戒されている現象は，「一瞬の変化」に体質がついていけないという側面も含まれよう。
　行事に伴う伝統食は，このことを省みるに最も良い教材になっているのである。

5月5日【端午の節句・こどもの日】

1 「端午の節句」とは

　5月5日は「こどもの日」である。1948年発布の「国民の祝日に関する法律」の中で，「こどもの人格を重んじ，こどもの幸福をはかるとともに，母に感謝する」日と定められた。それまでの「端午の節句」の日と重ねたわけである。
　さて，端午の節句の「端午」とは，「はじめ」の意の「端」と十二支の「うま」の「午」から成っている。したがって「端午」とは，「月の初めの午の日」である。

陰暦では，正月は寅（とら）月，2月は卯（う・うさぎ）月，3月は辰（たつ）月，4月は巳（み・へび）月，5月は午（うま）月，6月は未（ひつじ）月，7月は申（さる）月，8月は酉（とり）月，9月は戌（いぬ）月，10月は亥（い・いのしし）月，11月は子（ね）月，12月は丑（うし）月である。

　また，「午」は「五」と音通でもあり，「端午の日」は5月の行事になっていった。このようになったのは，中国の秦に続く統一王朝・漢の時代以後である。

　中国の易学である陰陽道では，5月は悪月であり凶の月である。なかでも5月5日は最も不運な日であり，「祓え」が欠かせない日であった。蓬で人形を作って門にかけ，菖蒲を浸した酒を口にするなど，穢れを祓い災厄から逃れる行事が行われてきたのである。

　これが「端午の節句の日」であったとは，意外に思う人も多いであろう。

2 「端午の節句」の前史は「女性の日」

　「端午の節句」で，もうひとつ意外と思われるだろう史実がある。端午の節句とは，もともとは「女性の日」であった。5月は，日本では田植えの月であり，したがって「皐月」や「早苗月」と呼んだ。

　田植えは，1年で最も重要な農作業である。今年の豊穣を祈って，田の神様をお迎えせねばならない。田植えをする女性すなわち「早乙女」は，自ら「巫女」となり，菖蒲や蓬で屋根を葺いて，そこにこもって穢れを払い，身を清め，豊穣を祈ったのである。これを「女の屋根」あるいは「女の家」と称した。この行事は5月5日あるいはその前夜に行ったのであるが，前夜は「女の夜」と称している。こうした行事の後に，晴れ晴れと田植えの作業を行ったのである。

5月［皐月／May］　73

ところが平安時代になると、5月5日に宮中を警備する武官の府である近衛府で、「馬弓」の行事を催すようになる。鎌倉時代には、「菖蒲」が軍事を重んじる「尚武」にかけられ、武士は「流鏑馬」を行うようになった。同時に、男子は川の両岸に分かれて石を投げ合う「印字打」や、菖蒲の葉を編んで相互に地面を叩き、その丈夫さを争う「菖蒲打」など、勇ましい遊びが流行り出す。
　室町時代には「兜人形」が作られるようになり、江戸時代には「鯉のぼり」が登場している。
　こうして「端午の節句」は「男子の日」に様変わりしてきたのである。もちろんその背景には、3月3日の「桃の節句」の発展があったことと無関係ではない。

3 「鯉のぼり」と「吹き流し」の由来

　中国では、鯉は出世のシンボルだった。黄河の中流に山岳が向かい合う険しい急流がある。そこを鯉が遡ってくるのであるが、とりわけ険しい竜門という滝を登り切って、「鯉は竜になる」という故事がある[注1]。
　この故事から「登竜門」という言葉が生まれ、出世への足掛かりという意味の表現になった。
　鯉のぼりが、端午の節句に立てられるようになったのも、男子の出世を祈る気持ちからである。ところが日本では当初、「のぼり」といっても「幟」のほうで、出陣や祭典、儀式に立てる昇り旗のことであった。江戸時代に入り、鯉の柄になり「鯉のぼり」となってくる。

【注1】文部省唱歌の「鯉のぼり」の3番の歌詞にも、「鯉は竜になる」という次のようなくだりがある。
　　「百瀬の滝を登りなば　忽ち竜になりぬべき　わが身に似よや男子と　空に躍るや鯉のぼり」

江戸時代の中頃から，武士の間では，鯉のぼりを野外に立てるようになった。風を受けて空に泳ぐ姿は，正に男子の出世を表すに相応しい。ところが，江戸ではしばしば火事があり，鯉のぼりが消火作業の邪魔になるケースが出てきた。さらにまた，鯉のぼりの豪華さで競う悪弊も問題になり，鯉のぼりの野外での飾りが禁止された時期がある。

　鯉のぼりには「吹き流し」が付きものである。5色の吹き流しは，風を受けると下段の鯉の遊泳姿を引き立てる。この「5色」にも，歴史的な理由がある。中国古来の五行の考え方から，吹き流しの〔青，赤，黄，白，黒〕の5色は，万物組成の元素である〔木・火・土・金・水〕を表す。天地の中を循環してとどまることのない5つの精気，これが吹き流しに込められている。

　日本でも，鯉は縁起の良いものとしての扱いをする。また，「鯉の水離れ」といって，水から揚げられた鯉はひどく飛び跳ねるでもなく，生き長らえる。「まな板の鯉」というのも，武士の間で，潔さの表現として使われるようになった。

　料理に鯉の丸揚げが出されれば，それは豪勢なメニューであるに相違なく，持て成しの気持ちを伝える食材の一つになっている。四条流や大草流といった流派における「包丁式」の儀式にも，鯉は欠かせぬ食材であるという。

4 「端午の節句」の食の経済学

① 粽

　中国では古くから「粽」がある。伝えられるところでは「米を楝（栴檀）の木の葉で包み，五色の糸でしばったもの」である[注2]。

　楝（栴檀）の木の葉は，香りがあり虫がつかない。五色の糸は，吹き流しの5色にかける思いと同じである。

また，団子を茅の葉で巻いたことが，粽の語源になっているという説も有力である。

② 柏餅

端午の節句には「柏餅」を食べる。柏の木の葉は，新芽が出てくるまで落ちない。このことは，「家系が絶えることなく続く」ことを連想させる。縁起を担いで，柏の葉を用いて餅を包んだというわけである。こうした風習は江戸時代の寛永（1624～43）の頃といわれている。「柏餅」は，「粽」よりずっと後に登場しているのである。また，当時の「柏餅」の中の餡は，今日のような小豆を原料としたものではなく，味噌を用いていたようである。

ところで，「柏餅」はもともと関東圏で食されていたのであり，関西では見られなかったようである[注3]。

③ 菖蒲湯，菖蒲酒

端午の節句は「菖蒲の節句」とも呼ばれている。5月5日前後は菖蒲の最盛期に当たり，菖蒲の良さを引き出した利用の仕方が伝わっている。菖蒲には，古来から健康を保ち，邪気を祓う力があるといわれてきた。菖蒲酒や菖蒲湯，菖蒲枕など，その利用方法も多い。

④「薬玉」

食の対象ではないが，端午の節句には香料を袋に入れて，柱に掛ける「薬玉」という習慣がある。香料には麝香，沈香，丁字などがある

【注2】粽の始まりは，中国の戦国時代の七雄の1つである楚の国の武将であった「屈原」に関連付けられている。戦略に失敗して湖南省の汨羅という河に身を投じた屈原の亡骸を，鯉がくわえて故郷の姉の元に届けた。姉は，米を入れた竹筒を河に沈めて，屈原を弔ったというところから，粽の歴史が始まっている。

【注3】新谷尚紀［監修］『日本の「行事」と「食」のしきたり』青春出版社，2004年，94頁参照。

が，これを錦の袋に入れる。現在でも，中華料理店に行くと五色の糸を垂らして，柱などに吊るしてあるのを見かける。五色は鯉のぼりの吹き流しと同じであり，香りと合わせて邪気を払い災いを避けるという風習である。

9月9日の「重陽の節句」になると，これを「茱萸袋（しゅゆ）」注4と交換する。

⑤「粽（ちまき）」，「柏餅（かしわもち）」の販売戦略

「端午の節句」は大型連休の最中（さなか）に迎える。連休を楽しみ出す頃，「端午の節句」の商戦が開始される。和菓子の老舗の虎屋（とらや）は，「端午の節句」の10日前から行事食作りでてんてこ舞いという。「粽」だけでも1日に5千本，これが連日続くという。

「粽」，「柏餅」は，桜の時節に「桜餅」を食するように，多くの菓子メーカーにとってすっかり定番品目になっている。「粽」は団子だけではなく，羊羹（ようかん）や寿司にもその体裁が応用され，形も三角形，円錐，団子形と様々である。

自然の植物の葉を用いる食には，独特の風情がある。葉の香りと食物の保存力さらにはその美しさと，伝承するだけの値打ちが感じられる。自然の力にあやかり，食して無病息災を願う行事食を大切にしたいものである。

5月第2日曜日【母の日】

■「母の日」とカーネーション

「母の日」とは，文字通り子どもが母に感謝の気持ちを伝える日で

【注4】「茱萸袋」とは香りの強い茱萸の実の植物をいれたもの。

ある。それをプレゼントで示すという方法が一般的になってきている。

　何をプレゼントするかとなると，通常は母の願いを1つか2つ叶えてあげる，ということになろう。ところが，カーネーションの花を贈るということは，共通のパターンになってきている。

　カーネーションの花言葉は，「母の愛情，女性の愛，清らかな愛」であり，母性愛が漂うものである。

　日本で「母の日」の行事が一般化したのは，戦後のことである。各都道府県などの福祉団体で構成される「全国母子寡婦福祉団体協議会」は，造花のカーネーションを頒布する活動を1949年から行っている。母の日とカーネーションの結びつきに，大きな役割を果たしてきている。但し，「母の日」の提唱は大正時代の終わりであり，それは婦人矯風会によって行われている。

2 「母の日」の始まりと日本での進展

　「母の日」は日本から始まった行事ではない。1908年，アメリカはシアトルのデパートの経営者ジョン・ワナマーカーが，「母の日」のイベントを企画した際に，ある人の活動を参考にしたことが始まりであるといわれている。そのある人とは，アンナ・ジャービスであり，亡き母の追悼会で，母の好きだったカーネーションを参列者に配った。この話を聞いたワナマーカーは1908年5月10日に407人の子どもと母親を招いて「母の日の礼拝」を行った。

　この光景がアメリカに広く受け入れられ始めて，ウッドロー・ウイルソン大統領は1914年に「5月の第二日曜日」を「母の日」と定めたのである。

　日本で「母の日」の催しを行うようになったのは，キリスト教関係者によってであった。それが一般に広まったのは，1937年に，森永製

菓が第一回「母の日大会」を催したことによる。この大会は1984年まで続けられた。

3 「母の日」の食の経済学

◆「母の日」のプレゼントと市場規模

「母の日」による市場規模は大きい。ある推計によると[注5]，その額は1,200億円であり，年中行事ではクリスマス，バレンタインデーに次ぐ大きさである。

母の日には，カーネーションを筆頭に衣類，菓子類，旅行などがプレゼントされる。母の日にはご馳走が付きものであり，これも市場規模を大きくする要因である。

母の日にはこうした経済効果以外に，大切な副次効果が伴う。近年，希薄になってきている一家団欒が，母の日には回復するケースが多い。また，母へのプレゼント選びに父と子が相談するという貴重な光景も目に浮かぼう。さらにまた，母から離れて過ごす子には，母の日はプレゼントを手にした母の喜びの声や手紙で，充足感に浸れる機会となる。このように，母の日の社会的効果は大きいのである。

◆「おふくろの味」とは

「母の日」は，母への感謝の気持ちを，何らかの行動で示す日でもある。母への感謝といえば，まず毎日の食事の準備の苦労に想いを巡らすことになろう。そこから，母のイメージといえば「おふくろの味」ということになるのである。

全国の各年齢層の3,000人に「おふくろの味」を尋ねたアンケート

【注5】 http://www.nihonn.com.による。

結果がある。それによると、「おふくろの味・トップ10」は次のようになっている。

【おふくろの味・トップ10】
①肉じゃが［18.9％］　②みそ汁［15.5％］　③煮物［15.3％］
④カレーライス［3.5％］　⑤芋の煮っ転がし［2.6％］
⑥野菜の煮物［2.5％］　⑦きんぴらごぼう［1.9％］　⑧筑前煮［1.7％］
⑨ちらしずし［1.6％］　⑩漬物［1.5％］

(注)「讀賣新聞2005年4月29日付」参照。

こうして見ると、「肉じゃが」、「みそ汁」、「煮物」で49.7％と半分になっていることが注目される。しかも、第4位以下との格差が大きい。上位3つに共通しているのは、伝統の「みそ」、「しょう油」を用いているということである。

アンケート調査には、地域ごとの特色も出ている。「肉じゃが」派が目立つのは近畿で、28％に達している。「みそ汁」は九州がトップで、21％である。「煮物」は北海道・東北が多く、24％にもなっている。

ここで気になることは、「おふくろの味」を将来もはっきり指摘できるのかどうかである。というのは、同アンケート調査で食生活への不満を尋ねる項目があるが、「家族そろって食卓を囲む機会が少ない」が20％にもなっており、「手間をかけた料理が少ない」が16％なのである。

一家団欒の光景が減っていくなか、「調理済み食品」のウエイトが高まってきている。同調査では、61％の人がそれで抵抗感なしと答えており、14年前の調査時から12％も増えている。すなわち、「おふくろの味」を指摘できない方向に急進中なのである。

「母の日」は、これからも同じ想いで子から祝われる日であり続けられるのであろうか。

6月 [水無月／June]

6月第3日曜日【父の日】

1 「母の日」があるなら「父の日」も

　「父の日」は，日ごろの父の仕事や思いやりに感謝する日である。「母の日」があれば，「父の日」があって当然であろう。

　「父の日」もアメリカで誕生している。アメリカはワシントン州のジョン・ブルース・ドット夫人は，幼いときに母を亡くした。その後，6人の兄弟と共に，男手一つで育ててくれた父に感謝し，父の誕生した6月に，通っていた教会の牧師に父の日の礼拝をお願いした。その日が，1909年「6月第3日曜日」で，現在の「父の日」であった。

　これがきっかけとなり，父親に感謝する日は広まっていった。1934年，ニューヨークで「全米父の日委員会」が結成されて，全米に父の日が浸透していく。1972年には，「父の日」はアメリカの行事の日として祝日にしている州が多い。

　日本では，1950年代の中頃に「父の日」が導入され，急速に広まり

全国レベルの行事になった。

② 「父の日」には「黄色いリボン」を

「父の日」の広まりのスタートとなった，ワシントン州のジョン・ブルース・ドット夫人の父親に対する感謝の念から，もう一つの象徴が生み出されている。ドット夫人は，亡き父の墓に「白バラ」を捧げた。それによって，「父の日」を象徴する花は「白バラ」ということになった。

日本では，日本ファーザーズ・デー委員会が幾つかの試みを行っており，そのなかには「父の日」には「黄色いリボン」を贈ろうと推奨している。昔からイギリスでは，「黄色は身を守るための色」とされており，アメリカでは「幸福の黄色いリボン」になった。ここから「黄色いリボン」は，「愛する人の無事を願うもの，幸せを呼ぶもの」というイメージに落ち着いたのである。

③ 「父の日」のプレゼントは

「父の日」のプレゼント選びは，予想以上に難しいらしい。幾つかのアンケート結果から，父の日のプレゼント事情を披露してみよう。

まず，プレゼントを「した」というのと，「してもらった」という数値がかみ合わない。当然，プレゼントを「した」という数値が高いのである。これは，プレゼントの内容が「もの」から「食事に工夫」，「肩たたき」まで幅が広いということを物語る。

「父の日」に何かプレゼントを買おう，と思っていても，予め購入物を決めている割合が低い。予算を3千円から5千円位までと決めている人が多いのであるが，購入する対象が決まっていないのである。

父親や夫の欲しがっているものが分からない，分かっていてもデザインや色あるいはサイズが特定できていないのである。

そこで，日頃愛飲している酒類に，食事のメニューの工夫でプレゼントとなり，子供が小さければ肩たたきのサービスが加わる。様々なアンケート調査でも，「父の日」に贈られる内容のばらつきが目立つ。

一方，父の側からすると，プレゼントは「感謝される気持ち」で充分，ということになる。なにか「母の日」に比べて，華やかさに欠ける「父の日」なのである。

しかし重要なことは，「父の日」に，父親としての存在がしっかり確認され，喜ばれているかどうか，ということであろう。父親の後ろ姿で学ぶという環境にあれば，こんな心配は不要である。多くの父は，勤務先での労働者であり，父としての役割を家族に充分伝えられないのである。「父の日」とは，普段伝えられていない職場の光景を，存分に話せる「時間をプレゼントする日」であってもよいのではなかろうか。

4 「父の日」と「食」に因んで「食品産業」の経済学

◆ 食の分野の産業規模

日本の人口1億2,700万人の中で，食に係わる仕事に携わっている割合は約10％である。この中で，農業に3％，漁業に0.2％，食品の加工会社に1％，流通・小売りに3％，外食に3％の人が携わっている。

製造業の出荷額から見ると，全製造業の出荷額は約300兆円であり，その中の食品製造の割合は約35兆円で，約11％を占めている。

働く人から見ても，製造出荷額から見ても，食の分野は約1割であるというわけである。「食は1割産業」と言われるが，これを根拠に

した表現である。「食の1割産業」は先進国では、ほぼ似たかたちとなっている。

　食に係わる労働者をより厳密に見るならば、冷蔵庫のような電気機械製造業、宅配のような輸送業、台所用品製造業、肥料や飼料製造業の「食関連」の部分を含めると、その数倍の「食品関連産業群」が形成されていることが分かる。食のためには、便宜上の産業分類による統計数値の何倍もの人々が働いているのである。

◆ 消費者の食への支出80兆円のゆくえ

　次に、消費者の飲食への支出の側面から見てみよう。消費者は飲食に対して年間約80兆円を使っている。この内、食品加工品の購入に6割超、外食に約3割、生鮮食料品の購入に8％前後を向けている。この支払いの内、食品製造業には4割超の約35兆円が流れ、輸送や卸業、倉庫業の流通分野に35％前後の28兆円が渡る。ところで農業には、何と10％超の11兆円ほどしか渡っていない。

　食品産業の近代化とは、このように食材生産分野の発展ではなく、その後のサービス部門の興隆のことであったともいえる。流通分野もそうであるが、1970年代からの外食産業の発展に象徴される、食のサービス部門に対する支出の増加であったのである。

◆ 食からの幸福を求めて

　食からの幸福は、人生目標の筈である。量的購入が容易になっても、質的向上を目指せなければ幸福とはいえない。質的向上の基本は、良い食材を確保することである。良い食材を確保するためには、私たちの喜びや健康をイメージできる生産者に頑張ってもらうことである。その頑張りには、支払い価格の割り増しで報いてあげたい。できることなら、それを手にして喜び、さらに良いものを生産しようと頑張る

農業者の顔を見たいものである。これが「食からの幸福」の好循環のかたちである。

　食品メーカーや流通業者は，良い食材を新鮮なまま，安全で美味しく加工し，消費者に提供することを使命としなければならない。

　食の分野での発展の余地は，まだまだ大きい，というのが日本の現状なのである。

7月 [文月／July]

7月7日【七夕】

1 「七夕(たなばた)」のもとは「棚機(たなばた)」

　「七夕」とは，天の川の両岸にある「牽牛星(けんぎゅう)」と「織女星(おりひめ)」が，年に1度会えるという7月7日の行事のことである。

　日本にも古来から「棚機(たなばた)つ女(め)」の行事があった。7月7日の夜，神を迎えるために水辺に棚を作り，そこで乙女が機(はた)を織るという行事である。この2つが混ざり，「七夕」は「棚(たな)」と「機(はた)」からつくられるようになった。また，「7日の夕べのこと」から「七夕」と呼ぶようになった。

　万葉集ではタナバタを「織女」と表し，新古今和歌集になって「七夕」と表記されるようになっている。

2 「七夕」の行事は何のために

「七夕」は「収穫祭」と「盆迎え」の行事であり，それらと後述する中国の「乞巧奠(きこうでん)」の風習と融合して出来上がってきた。

まず，「収穫祭」であるが，これは古来から麦の生育やキュウリ，ナスなどの成長を神に感謝するものであった。この時，神の乗り物として，「キュウリの馬」や「ナスの牛」を供えるようになった。

次に，「盆迎え(ぼんむかえ)」であるが，これは祖先の霊を祭る前の禊(みそぎ)の意味がある。水辺の機屋(はたや)に，神の嫁となる処女が神を祭って1夜を過ごし，「七夕送り」をして，穢(けが)れを神に持っていってもらうという行事である。

3 短冊(たんざく)と七夕祭り

「七夕」の行事に，「短冊(たんざく)」に願い事を書くというのがある。この風習のもとを辿ると，中国から伝えられた「乞巧奠」にいきつく。「乞巧奠」とは，陰暦7月7日の牽牛星と織女星が会える夜に，婦人たちは織物が上手になるように祈る風習である。

中国では，唐の時代から盛んになり，日本では奈良時代・孝謙天皇の755（天平勝宝7）年に宮中で行われたのが最初といわれている。

やがて民間にも広まっていったのであるが，その過程で祈願の内容が織物だけでなく歌，舞，詩歌などの芸事や良縁，合格などへと広がっていった。こうした願いは短冊だけではなく，色紙や切り紙細工も用いて，笹竹に結んで飾り付け，楽しい祭りへと変化してきたのである。

七夕祭りは，地域色を出しながら行事として維持されてきている所

が多い。東北に注目しても，青森の「ねぶた」，仙台の「七夕」，秋田の「竿燈(かんとう)」といったようにである。

4 「七夕」と食

「七夕」には索麺(そうめん)（素麺とも書く）を食べる。野外では，今でも「流し索麺」をやることがある。これは，索麺を織り糸に見立てて，流れていく様は天の川とする風流な行事食である。

索麺は「さくめん」の音便から「そうめん」となったものである。索麺を「素麺」と表すのはここからきている。「索」は「縄」であり，「麺」は麦を原料とする「ソバ」のことであり，「索麺」は「縄のようなソバ」という意味であった。

索麺の前に「索餅(さくべい)」があったと伝えられている。これは小麦粉と米の粉とを練って，縄のかたちにねじって，油で揚げた菓子の一種である。これが災厄から逃れる食物であったが，後に素麺へと変化していき，七夕の食風景になったのである。

また，「七夕」には「酸漿(ほおずき)（鬼灯）」を飾る習慣がある。酸漿の黄緑白色の小さな花は可憐であり，赤く熟した果実の袋は口に含んで吹き鳴らした。酸漿には薬効があり，根を咳止め，利尿に用いることがあった。

5 「そうめん」の経済学

◆「そうめん」の消費量と季節

「七夕」には「そうめん」ということで，そうめんの消費と産地について明らかにしておく。

総務庁の「家計調査」によると，「そうめん」を含む「乾めん」の

消費が明らかにされている。それを月別に読むと，2002年における「乾めん」の消費量は，7月を頂上にした富士山の形を描いている。7月の1世帯当たり「乾めん」の購入量は1,250ｇであるが，これを頂上とする富士山の片方の裾野は4月から5月であり，6月が中腹に当たり660ｇの購入量，7月が頂上で，8月がもう一方の中腹で710ｇの購入量，そして9月になると裾野に戻っている。

　すなわち，「そうめん」や「ひやむぎ」等の「乾めん」は，気温20℃前後から消費が伸び出す「季節商品」である。

　ちなみに「自宅でよく購入する乾めんの種類」を問うアンケート調査の結果によると，①「そうめん」，②「日本そば」，③「ひやむぎ」，④「干しうどん」の順になっている。

　①の「そうめん」と答えた人は，②の「日本そば」の倍の人数になっている[注1]。

◆「そうめん」の主要産地は

　「そうめん」と「ひやむぎ」は共に小麦粉を原料とするが，違いは製法にある。「そうめん」は，小麦粉を食塩水でこねてから，油を塗りながら手でのばしていくいわゆる「手延べ麺」である。一方，「ひやむぎ」は，うどんのように麺棒で薄く延ばしてから包丁で細く切っていく「手打ち麺」である。「そうめん」の方が細くなっている。

　さて「手延べそうめん」に着目して，主要産地は次の表のようになっている。

　これらの6県で「手延べそうめん」の多くが占められてしまうのであるが，長崎県を別として産地が1つの大きな地域のなかに含まれてしまう。なかでも「揖保の糸」の銘柄で有名な兵庫県が中心地で，県

【注1】日本食糧新聞社「乾麺に関するアンケート調査」2003年5月31日，調査対象年月2003年4月より。

【手延べそうめんの主要産地（2002年）】
① 兵庫県［21,930トン］　② 長崎県［18,858トン］
③ 香川県［5,753トン］　　④ 奈良県［4,418トン］
⑤ 徳島県［2,659トン］　　⑥ 岡山県［2,500トン］

（注）農林水産省「米麦加工食品生産動態統計調査」より。

産小麦と「赤穂の塩」を使用することで知られている。すでにその伝統が500年という長さである。

7月13日〜16日【盆と中元】

1 「盆」とは

「盆と正月」，「正月に餅つかず，盆に鯖食わず」のように，盆は正月と対比されることがある。1年の前半の始まりが正月，後半の始まりが盆というのがその背景である。

「盆」は7月13日から16日までである。7月13日の「迎え盆」から16日の「送り盆」までの4日間を盆とするが，地域によっては旧暦[注2]で行っている。

「盆」は，仏教の「盂蘭盆会（うらぼんえ）」を略した言葉である。「盂蘭盆会」あるいは「盂蘭盆」とは，祖霊（それい）を死後の苦しみから救うための仏事である。

「盂蘭盆会」は，サンスクリット語[注3]の「ウラバンナ」（逆さ吊り）を漢字で表記したものであり，「さかさまに吊り下げられる苦しみに

【注2】「旧暦」とは旧制の暦のことで，旧暦の1872（明治5）年12月3日を，新暦の1873（明治6）年1月1日としたのである。

あっている人を救う法要」という意味をもつ。

また、釈迦牟尼の十大弟子の一人である目連は、「餓鬼道」注4に落ちた母を救おうと懸命に供養をするのであるが、これも盂蘭盆の縁起である。

ここから「盆」とは、先祖の魂を迎えて慰める行事になっていった。

2 「盆」の行事

盆の行事の流儀、法式は、家系や地域によって異なるが一つの例を示しておこう。

◆ [7月13日] 迎え盆（お盆の入り）

盆の1週間前に墓を掃除し、13日の昼の内にお参りを済ませておく。

13日の夕方に、仏壇を清めて精霊棚注5を置く。その前に、先祖が戻るときの目印となる盆提灯をおいて、麻の皮を剥いだ茎（麻幹：おがら）を焚き、精霊が戻るときの「迎え火」とする。

精霊棚の奥中央に先祖の位牌を安置する。位牌の前には、ナスやキュウリで作った牛や馬を供える。先祖が戻るときには、キュウリの馬に乗って早く来れますように、帰るときには、ナスの牛に乗ってゆっくりと、という意味を込めている。

先祖に供する13日の食には「迎え団子（あんこのだんご）」をつける。

【注3】「サンスクリット語」とは、古代インドの文語の一つ。仏法の守護神といわれる梵天が作ったとされる。
【注4】餓鬼道とは、衆生の善悪の業によって行く6つの世界の1つ。6つの世界は「六道」といい、「地獄、餓鬼（飢餓）、畜生（動物）、修羅（争い）、人間、天（神）」である。
【注5】精霊棚とは、盆に精霊を迎えるために設ける棚のこと。上に「まこも（イネ科の葉が線状の1、2mの植物）」のゴザを敷き、花、果物の供え物をする。

◆ [7月14日,15日]

　精霊が家に滞在している。仏壇に供え物をして,精霊の供養に努める。

　僧侶を招いて,お経をあげてもらう。

　先祖に供する14日の食に「おはぎ」を,15日の食には「そうめん」を加える。

◆ [7月16日] 送り盆（お盆の明け）

　この日の夜に,精霊はあの世に戻る。「送り火」を焚き,帰り道を照らして霊を送る。

　先祖に供する16日の食は「送り団子（白い団子）」である。

　また,町村では「盆踊り」を行うが,もともとはこれによって,精霊を迎えて慰め,お送りするための踊りであった。

　徳島県の阿波踊りや岐阜県の郡上踊りなど,全国的に知られている盆踊りが多い。

3 「盆」の歴史

　先祖の霊を迎える儀式は,仏教伝来以前から「御霊祭り」などとして存在している。推古天皇の時代（606年）に,僧尼を招いて食事（斎食）をし,仏事を行う「斎会」が催されている。これが今日の「盆」の行事の原型といわれている。

　「盆」が年中行事になったのは,聖武天皇の733（天平5）年からである。宮中から始まり,武家,貴族と広まり,江戸時代に入ると町民の間でも盆の行事が行われるようになった。仏壇や提灯,ロウソクなどの費用を賄える生活状態に届けば,庶民の間でも今日のような盆行事が行われるようになってきたのである。

4 盆と「中元」の関連性は

「お中元」の時期は盆と重なっている。お中元とは「盆礼(ぼんれい)」のことであり、盆の行事の1つであったのである。正月は祖霊を年神としているし、盆は先祖のみならず生盆(しょうぼん)すなわち生御霊(いきみたま)も対象としている。生御霊とは、生存している父母に祝い物を贈り饗応する儀式である。

ここから、親ばかりではなく、仲人や師や親方にも御礼をする「盆礼」が行われるようになった。

道教に三元思想がある。正月15日の上元、7月15日の「中元」、10月15日の下元であるが、「盆礼」はこの「中元」の時期と同じなために吸収され、「盆と正月」は「盆暮(ぼんくれ)」に変わっていった。1年の前半が終わって盆、後半の終わりが暮れという捉え方である。

なお、お中元の期間であるが、地域によって異なっている。関東では6月下旬から7月15日頃まで、関西では、旧盆の習慣が残るところでは7月上旬から8月15日頃までとなっている。

5 盆の時節に因んで「野菜」の経済学

本章のテーマが「盆と中元」であるから、ここでは「中元の経済学」とすべきであろう。しかし、本書の[12月1日～20日　歳暮]の「2 お歳暮の経済学」の節で「中元」も含めて論じているので、このような節題にすることにした。

盆の頃は、収穫できる野菜が増え出す。ナス、キュウリ、トマト、トウモロコシ、エダマメ、インゲン、オクラ、カボチャなどが旬を迎える。先に記したように、「盆」にはナスとキュウリを用いて牛、馬の姿を作り、先祖の迎えと送りをする。この風習も、この時節の収穫

物や旬を示すものである。そこでここでは,「野菜の経済学」と称して,野菜の基礎知識を提示してみたい。

◆ 少ない野菜の消費量と「食生活指針」

　日本人の野菜消費量は少な過ぎである。1日当たり成人290ｇ前後の摂取量である。目標とすべきは350ｇ（内,緑黄色野菜は120ｇ）であるから,17％以上も不足している。果物の消費量も少ない。1日に果物を食べる人の割合は3割ぐらいである。これを,もっと高い数値に上げなければならない。果物の皮の部分も含めて300ｇを目標としたい。

　生活習慣病の広まりと低年齢化で,肉類や脂質,塩分を控えなければならなくなっているが,同時に進めなければならないのが野菜消費量の増加である。

　2000年3月,農水省と厚生労働省と文部省の3つの省は,協同で「食生活指針」を公表した。その中で,「野菜と果実をもっと食べよう」と呼びかけている。上記の野菜の消費目標は,この生活指針の根拠としている数値である。

　野菜と果実の消費不足は,若年層ほど深刻である。野菜は年齢と共に徐々に増えていき,50歳代になり大分増え,60歳代がピークになっている。果実は30歳代までそれほど増えないで,40歳代から増加しだし,50歳台でピークを迎えている[注6]。

◆ 野菜の機能と分類

　野菜には,そこに含まれる機能性成分により「生体調整機能」や「生体防御機能」がある。生体調整機能とは,抗酸化作用,血中コレ

【注6】㈶日本食生活協会・農林水産省総合食料局消費生活課『食生活指針ガイド』66〜67頁参照。

●アスパラガス
[ビタミンE，C，B1，B2，A，カリウム]
▷新陳代謝促進，疲労回復。

●オクラ
[ビタミンA，C，マグネシウム，カルシウム，カリウム]
▷スタミナ回復，便通促進。

●カブ
[ビタミンC，カリウム，リン食物繊維]
▷消化を良くし，辛み成分で血液サラサラに。

●キャベツ
[ビタミンC，カリウム，カルシウム，食物繊維]
▷抗ガン効果，整腸作用，疲労回復。

●コマツナ
[カルシウム，ビタミンC，A，カリウム，ビタミンB2]
▷骨粗しょう症予防，生活習慣病予防。

●ゴマ
[カリウム，マグネシウム，脂質，鉄，リン，ビタミンB1，E]
▷老化防止。抗酸化作用。

●シソ
[ビタミンE，B2，A，カルシウム，カリウム，マグネシウム]
▷殺菌効果，ガン予防，老化防止。

●ジャガイモ
[ビタミンC，カリウム，マグネシウム]
▷血圧安定，動脈硬化防止，抗酸化作用。

●シュンギク
[ビタミンA，カルシウム，ビタミンC，E，鉄]
▷肌荒れ予防，血圧安定化，美肌作り。

●ショウガ
[カリウム，マグネシウム，食物繊維，鉄，リン，ビタミンB1]
▷抗酸化，抗菌作用，ガン抑制。

●ダイコン
[カリウム，ビタミンC，食物繊維，カルシウム，マグネシウム，リン]
▷消化促進，ガン抑制。

●野菜品目（アイウエオ順）
[成分（栄養素の多い順／%）]
▷機能性

● タマネギ
[ビタミンC, カリウム, リン, 食物繊維, カルシウム]
▷生活習慣病予防, 血圧降下作用。

● チンゲンサイ
[ビタミンA, C, カルシウム, ビタミンE, B2]
▷血圧抑制, ガン予防, 精神安定化。

● トマト
[ビタミンA, C, カリウム, リン]
▷生活習慣病予防, 美白効果（メラニン分解）, 痴呆予防。

● ナス
[カリウム, 食物繊維, マグネシウム, リン, ビタミンB1, B2, C]
▷抗酸化作用, 肝臓障害予防。

● ニガウリ
[ビタミンC, B2, A, カリウム, マグネシウム]
▷中性脂肪抑制, 血糖値抑制, 消化促進。

● 長ネギ
[カルシウム, カリウム, ビタミンC, 食物繊維]
▷食欲増進, 免疫強化, 血液サラサラ, 疲労回復。

● ハクサイ
[ビタミンC, カリウム, カルシウム, リン, 食物繊維]
▷血液サラサラ, 美肌作用, 血圧抑制。

● パセリ
[ビタミンA, C, 鉄, カリウム, カルシウム]
▷生活習慣病予防, 視力維持, 貧血予防, 口臭予防。

● ピーマン
[ビタミンC, A, E, 食物繊維, カリウム]
▷視力維持, 脳活性化, 生殖能力向上, 老化防止。

● ホウレンソウ
[ビタミンA, C, 鉄, マグネシウム, ビタミンE]
▷ガン予防, 貧血予防, 老化予防。

● レンコン
[ビタミンC, カリウム, リン, 鉄, 食物繊維, ビタミンE]
▷老化防止, 炎症抑制, 胃壁保護。

（注）科学技術庁資源調査会編「四訂日本食品標準成分表」1982, 「五訂日本食品標準成分表―新規食品編―」1997より。

ステロール低下作用，血糖値低下作用，血圧低下作用などである。生体防御機能とは，抗ガン作用，免疫強化作用，抗アレルギー作用，抗炎症作用などである。

　次に，日常よく食する野菜の成分と機能の例を前頁の表にまとめておこう。

　野菜の分類法の一つに，「葉菜類」，「茎菜類」，「根菜類」がある。「葉菜類」は，葉の部分を食するものでネギ，パセリ，ヨモギも該当する。「茎菜類」は，種類は少ないがウド，アスパラガス，セロリ，ニンニク，ラッキョウ，タマネギ，タケノコ等も含まれる。「根菜類」は，地下の養分を蓄えた部分を食するものでレンコン，ショウガ，ゴボウ，ワサビも含まれる。

　また，「緑黄色野菜」と「淡色野菜」という区分もよく使用される。前者は，コマツナ，シュンギク，ホウレンソウ等の青葉のものと，トマト，カボチャ，ブロッコリー，ピーマン等の色鮮やかな野菜のことである。表面は緑色でも，切ると中が白のものは「淡色野菜」であり，キャベツ，キュウリ，セロリ，ダイコン，タマネギ，ハクサイ等をいう。

　私たちが健康に生活していくためには，「六大栄養素」をバランスよく摂取しなければならない。「六大栄養素」とは，タンパク質，脂質，炭水化物，食物繊維，ビタミン，ミネラルであるが，この栄養素を野菜からも補給することが欠かせない。その目安が，緑黄色野菜と淡色野菜を合わせて，1日当たり成人で350ｇである。

　食事で最も重要なのはバランスである。バランスを欠いたまま長期にわたると，栄養素の面と体の機能の面の両方から健康体が崩れていく。生活習慣病は，蛋白質と脂質の過剰，野菜からの栄養素の過少，そして運動不足から忍び寄ってくるのである。

◆ **減少する野菜への支出額**

　さて私たちは、なぜ野菜消費量が少なくなるのであろうか。野菜を余り使わないメニューに偏り過ぎなのか、野菜を美味しく食せるメニューが少ないのか、それとも野菜に余りお金を使いたくないのであるのか、理由は色々考えられる。そこで最後に、野菜にどれほど支出しているのか明らかにしておこう。

　2002年において、1世帯当たり「生鮮野菜」の購入金額は6万6,156円である。1991年には8万6,499円であったが、その後、減少傾向にある。

　購入数量を見ると、1980年の242.8kgから2002年の185.6kgまで一途に減少を辿っている。外食での野菜消費を除外すれば、家庭での生鮮野菜の減少は著しいのである。

　因みに「肉類」への支出額は、2002年において7万4,770円である。また、「魚介類」に対する支出額は10万4,141円となっている。

　野菜への支出額を、2002年において品目別に多い順に見てみよう。

【支出額の多い野菜】

ホウレンソウ［2,455円］　　ネギ［2,904円］　　タマネギ［2,476円］
バレイショ［2,340円］　　ニンジン［2,218円］　　レタス［2,178円］
キャベツ［2,135円］　　ダイコン［2,105円］　　ブロッコリー［1,671円］
ゴボウ［1,218円］　　ハクサイ［1,145円］　　サトイモ［1,124円］
タケノコ［1,085円］　　モヤシ［1,024円］

（**注**）総務庁統計局「平成14年家計調査年報」(財)日本統計協会。

　この中で、購入量が増加しているのはブロッコリーだけである。
　この10年間における野菜需要の特徴は、品目の多様化が進行してい

【**注7**】「指定野菜」は、1966年に制定された「野菜生産出荷安定法」によって、人口が集中する都市部への野菜安定供給を目的として「指定産地」を決めたことに基づく野菜である。

ることである。

　伝統的な「指定野菜14品目」注7は軒並み減少するなかで，新たな人気野菜が登場してきているのである。

　なかでもミズナが最も伸び，マイタケ，ズッキーニ，アーリーレッド（赤タマネギ），トウガン，ミョウガ，フキノトウ等が増加している。食生活の内容や外食でのメニューの工夫で，野菜の分野の新旧入れ替わりが進行しているのである。

7月第3月曜日【海の日】

１「海の日」とは

　四面を海に囲まれている海洋国の日本にとって，海の役割をもっと考える必要があろう。輸送，資源，環境，防衛，レジャーなど，海の存在を前提にして生活が成り立っている。

　そこで1996年から，7月20日が国民の祝日としての「海の日」になっている。「国民の祝日に関する法律」第2条では，「海の恩恵に感謝するとともに，海洋国日本の繁栄を願う日」となっている。

　2001年には，3連休を実現するために「2003年から7月第3月曜日にする」ということになった。

　また，この2003年から「海の月間」もスタートさせ，様々なイベントが行われている。「海の日」を含む7月を，海に対する理解と認識を高めるために，国土交通省が中心となって，海のためのイベントを開催しているのである。

　もともと7月20日は，「海の記念日」であった。1941年に設けられたものであるが，これは明治天皇が1876（明治9）年に東北，北海道を巡幸されて，横浜に帰られたことを記念して提唱されたものである。

■■セミナー ―――❺

アンケートで見る行事食

● **行事食の内容は**

　年中行事の際に食べられている食,すなわち「行事食」とは,どのようなものなのか,アンケート調査の結果から明らかにしてみる。

　まず,各都道府県の行事食の上位3品目を示しておこう。これは,2001年9月において,全国3,247市町村の農政担当者に尋ねたアンケート結果である（102頁の表【都道府県別の行事における伝統食】を参照）。

　1位には,「雑煮」,「ぼたもち（おはぎ）」,「七草粥」,「赤飯」,「すし類」が多い。

● **行事食が登場する頻度**

　次に,行事食が家庭の食卓にどれほど登場しているかを問うてみる。ミツカングループ本社による,2003年2月～3月のアンケート調査によると次の結果が出ている。

【行事食が家庭の食卓に登場する割合】（対象数＝362）		ほぼ毎年登場	ときどき登場	ほとんど登場しない
（七草の節句）	七草粥	32.6%	21.8%	45.6%
（節分）	いり豆	70.4%	17.4%	12.2%
（こどもの日）	ちまき	23.5%	38.1%	38.4%
（土用の丑の日）	ウナギ	58.3%	31.5%	10.2%
（十五夜）	月見団子	24.3%	40.9%	34.8%

（注）ミツカングループ本社「わが家の年中行事と『特別な日』の料理に関する主婦アンケート」

　こうして見ると,「節分」と「土用の丑の日」には,行事食が登場する割合が高いことがわかる。

　「七草の節句」では,七草粥を食卓に乗せる割合が比較的高いが,また無関心な層も厚い。

　この表には示していないが,東京と関西とで差が大きいのは,「こども

の日」の「ちまき」,「十五夜」の「月見団子」である。それを「ほぼ毎年登場」の項目で比較すると，「ちまき」の場合〔東京9.6％：関西37.0％〕，「月見団子」の場合では〔東京15.2％：関西33.2％〕となっている。いずれも関西での関心度が高くなっている。

● 特別料理がいつ出されるか

さらに，「特別な料理がどんな行事で出るか」を尋ねたアンケート結果を見てみよう。

【特別料理がいつ出されるか】			
①子供の誕生日	[88.4％]	②クリスマス	[86.2％]
③夫の誕生日	[63.0％]	④ひな祭り	[50.8％]
⑤妻の誕生日	[44.5％]	⑥節分	[43.9％]
⑦こどもの日	[38.1％]	⑧結婚記念日	[34.3％]
⑨父の日	[18.5％]	⑨母の日	[18.5％]

(注) ミツカングループ本社，同上。

この結果から，子供に関連する行事には「特別な料理」が出る割合が高いことが明らかになる。「子供の誕生日」に出される「特別な料理」の順は次のようになっている。

【子供の誕生日に出される特別な料理】			
①鶏の揚げ物	[29.8％]	②ステーキ	[24.3％]
③にぎり寿司	[23.5％]	④焼肉	[21.5％]
⑤手巻き寿司	[17.7％]	⑤ハンバーグ	[17.7％]
⑦赤飯	[15.7％]		

(注) ミツカングループ本社，同上。

また，主婦から見て，「父の日」には，〔刺身，にぎり寿司，焼肉，ステーキ，手巻き寿司〕の順で用意している。

主婦自らの「母の日」には，〔にぎり寿司，刺身，手巻き寿司，焼肉，赤飯〕の順で準備している。

【都道府県別の行事における伝統食】

都道府県		1位	2位	3位	都道府県		1位	2位	3位
	北海道	雑煮	ぼたもち(おはぎ)	しるこ(かぼちゃ等)		滋賀	七草がゆ	おこわ(赤飯)	月見だんご
東北	青森	煮しめ	しとぎ(あわ・米・豆)	けの汁(かえの汁)	近畿	京都	さばずし	小豆飯	田づくり(ごまめ)
	岩手	七草がゆ(数種類の野菜)	小豆飯(赤飯)	もちの本膳料理		大阪	押しずし・箱すし	赤ねこ(よしこぼ)	はも料理
	宮城	あかつきがゆ(小豆かゆ)	ずんだもち	柿なます		兵庫	雑煮	七草がゆ(七草)	赤飯
	秋田	かすべの煮付け	笹巻き	あかずし(あかまま)		奈良	赤飯	ぼたもち(おはぎ・いもぼた等を含む)	草もち(あんつけ等を含む)
	山形	小豆かぼちゃ(冬至かぼちゃ)	もち(納豆もち・小豆もち・じんだんもち等)	鯉のうま煮		和歌山	さばずし	なれずし(さば、さんま)	くし柿
	福島	草もち	豆かずのこ	豆もち		鳥取	小豆飯	小豆雑煮	笹巻きだんご
関東	茨城	かしわもち	あんころもち(おはぎ)	おつけもち(雑煮)	中国	島根	ぼたもち(ぼた祝)	笹巻き	まき(さるとりいばらの葉に包んだもち)
	栃木	七草がゆ	かしわもち	ぼたもち		岡山	雑煮(すまし仕立て)	ぼたもち	おはぎ
	群馬	ぼたもち	おこわ(赤飯)	ごまぼたもち		広島	魚飯	角ずし	ギギュウの干物
	埼玉	ぼたもち	草もち	まゆ玉		山口	おはぎ	ほてんがもち(かしわ)	押し寿司
	千葉	太巻き寿司	おはぎ	大根なます		徳島	赤飯	ちまき	ボウゼの姿ずし
	東京	だんご(まえ(まゆ)玉飾り)	田舎まんじゅう	小豆めし		香川	あんもち雑煮	押し抜きずし	だんご汁
	神奈川	小豆飯	桜漬	まゆ玉だんご(ふなだんご)	四国	愛媛	嫁はん豆(バットライス)	たいめん	丸ずし
	新潟	雑煮	おはぎ	ちまき		高知	皿鉢料理(さばのすがたずし)	こぶずし	花もち(法事のお飾り)
北陸	富山	赤飯	雑煮	ぼたもち(はんごろし・かいもち)		福岡	雑煮	おはぎ	ちまき
	石川	赤飯	笹の葉ずし	押しずし		佐賀	七草がゆ(七草ずーレー・七草汁)	栗おこわ(くんちおこわ)	ふつもち(よもぎもち・あらげだご)
	福井	ぜんまいの白和え	ふのらし和え	棒まき(昆布まき)	九州	長崎	押しずし	具雑煮	かんころ餅
東山	山梨	おはぎ	おこわ	ぼたもち		熊本	七草ぞうすい	ちまき	ぼたもち
	長野	雑煮	おはぎ・ぼたもち	おこわ・赤飯		大分	おはぎ	ちまき	小豆飯
	岐阜	よもぎもち	年取りのおかず	こわめし		宮崎	ぼたもち・おはぎ	あくまき(餅米をあく汁で炊いたもの)	おこわ
東海	静岡	茶めし	大なます	五目おこわ		鹿児島	七草がゆ	あくまき(ちまき)	ぼたもち
	愛知	昆布巻(アラメ巻)	おこわ	箱ずし		沖縄	白もち	ムーチー(鬼餅)	フチャギ(ささげ餅)
	三重	強飯(栗・小豆・山菜等)	まつたけ飯	さんまずし					

(注)同一順位のものがある。
(出所)生活情報センター情報部編集『日本人の食生活を読み解くデータ総覧』生活情報センター、2004年、p.43〔資料:農林水産省「伝統食を含む食文化の継承及び地域産物の活用への取組状況」調査対象:全国3,247市区町村の農政担当者〕調査年月:2001年9月〕.

7月20日頃から立秋前日まで【土用の丑の日】

1 「土用の丑」とは

「土用」は四季にそれぞれ置かれている。立夏の前18日間を「春の土用」、立秋の前18日間を「夏の土用」、立冬の前18日間を「秋の土用」、立春の前18日間を「冬の土用」という。その初めの日を「土用の入り」という。

「土用の丑の日」は「夏の土用」の中の1日である。それは、8月

8日頃の立秋の前日までの18日間の日の中で,十二支が「丑」である日のことである。「丑の日」というと,「丑年」と混乱しそうであるが,十二支は日付や時刻や方角にも用いられているのである。日付に十二支を用いると,「子・丑・寅・卯・辰・巳・午・未・申・酉・戌・亥」と12日ごとに繰り返されることになる。したがって,「丑」の日が2回の年もあることになる。

「丑の日」を中心に「夏の土用」の期間に,夏痩せ防止にウナギを食べよう,という風習が広まった。ウナギは良質蛋白質と脂質,ビタミンA,Eが豊富で,DHAやEPA[注8]も多く含まれている。ウナギを暑さで体力が消耗するこの時期に食すのは,理に適っている。

このような風習がどうして定着してきたかは,定かではない。平賀源内が,ウナギ屋に頼まれて「本日,土用の丑の日」と張り出したとか,太田蜀山人(南畝)が「ウナギを食べたら病気にならない」という狂歌を作ったら広まったとか,諸説がある。

2 「ウナギ」の経済学

◆ 日本人はウナギ好き

日本人はウナギ好きである。「土用の丑の日」の行事食として,ウナギをどれほど食しているであろうか。あるアンケート調査では,次のような結果が出ている。

「土用の丑の日」の家庭の食卓に,ウナギが「ほぼ毎年登場」が58.3%,「ときどき登場」が31.5%,「ほとんど登場しない」が10.2%となっている。行事食としてウナギは,他の行事食と比べて食される

【注8】「DHAとは「ドコサヘキサエン酸」,EPAとは「エイコサペンタエン酸」のこと。両者は,水産物独特の脂質を構成する高度不飽和脂肪酸の1つ。前者は,血栓,ガンなどに抑制力を持ち「頭の働きを良くする脂肪酸」といわれている。後者は,動脈硬化の症状や高脂血漿の改善の医薬品にも利用されている。

割合が非常に高くなっている(セミナー❺を参照のこと)^{注9}。

◆ ウナギの食べ方

また,ウナギの食べ方も多彩である。

外食で人気の高い順に,ウナギメニューを列挙しておこう。

【ウナギメニュー・人気順】
①うな重 [62.0%]　　②うな丼 [15.4%]　　③ひつまぶし [7.4%]
③肝吸い [7.4%]　　⑤うなぎ白焼き [7.0%]　　⑥うなぎちらし [3.3%]
⑦うまさ [3.3%]　　⑧うなぎ茶漬け [2.3%]　　⑨うな玉重 [2.1%]
⑩うな玉丼 [1.8%]

(注)紀文食品「うなぎに関するアンケート調査」,調査年月2003年4月。

◆ ウナギの良いところ

20歳代から60歳代までの女性は,ウナギをどのように見ているのであろうか。アンケート結果を披露しておこう。

【ウナギの良いところ】
①栄養がある・体によい [43.1%]　　②簡単にできる [42.5%]
③スタミナがつく・元気が出る [21.7%]　　④おいしい [14.5%]
⑤タレがおいしい・ごはんにあう [12.5%]
⑥高級感・贅沢な感じがある [9.6%]

(注)紀文食品,同上。

◆ やはり7月はウナギの消費が断然多い

「土用の丑の日」の前後は,やはりウナギの消費が多い。7月は年

【注9】ミツカングループ本社「わが家の年中行事と特別な日の料理に関する主婦アンケート」,調査年月2003年2月〜3月。

間平均の約3倍もウナギを食べている。2002年においては、7月の1世帯当たり「うなぎかば焼き購入額」は945円であり、年間購入額4,057円の約23％にもなっている。

このウナギに対する支出の大きさは、次の数値と比較して判断していただきたい。同年における全世帯の平均的「魚介類への支出」が104,141円（内、「鮮魚への支出」は58,041円）である。個別に見ると、次のようになっている。

【魚介類への支出】

「マグロ」8,233円　　「アジ」1,967円　　「イワシ」907円
「カツオ」2,137円　　「サケ」3,411円　　「サンマ」1,730円
「イカ」3,360円　　　「エビ」4,655円　　「カニ」2,883円

（**注**）総務庁統計局「平成14年家計調査年報」㈶日本統計協会より。

◆ ウナギの多くは加工品の輸入もの

さてのこのウナギの原産についてであるが、「輸入で養殖もの」が大変多い。2002年の国産ものでは、「天然もの」は612トンに対して、「養殖もの」は21,207トンにもなる。天然ものは何と2.9％である。

一方、輸入の方は「活きたままのウナギ」20,884トン、「加工ウナギ」59,752トンとなっている。ウナギの輸入依存度は73％になる。

輸入先を国別で見ると、「活きたままのウナギ」は台湾が多く、「加工ウナギ」は中国本土がほとんどである。両者を合計すると、約70％が中国からの輸入になる。中国からの輸入が急増したのは、1990年代の半ばからである[注10]。

【注10】財務省「貿易統計」より。

9月 [長月／September]

9月9日【重陽の節句(菊の節句)】

1 「重陽(ちょうよう)の節句」とは

　9月9日は「重陽の節句」である。「重陽」とは,易学でいう精気の源である「陽」の数「9」が「重なる」という意味である。陰陽五行説[注1]では,奇数を「陽数」といい,一番大きな数字の9月9日の「重陽」をめでたい日として重んじてきている。

　「重陽の節句」は「菊の節句」の方で親しまれている。平安時代には,菊は「翁草(おきなぐさ)」,「千代見草(ちよみぐさ)」,「齢草(よわいぐさ)」と呼ばれていた。菊は,もともと長寿の花として見られてきており,健康のためにと食材に利用される時もある。その好例は「菊酒」である。重陽の節句の時は,菊を鑑賞しながら「菊酒」の席が用意される。「菊酒」は,酒に菊の花を

【注1】「陰陽五行説」とは,古代中国に起源をもつ哲理である。一切の万物は陰と陽の二つの気によって生じ,五行の中の木と火は陽に,金と水は陰に属し,土はその中間にあるとして,これらの消長によって天地異変,吉凶を説明する。

浸したもので，長寿の酒といわれているのである。今日でも，京都の上賀茂神社における無病息災を祈る重陽の節会が有名であり，「菊酒」の無料接待が行われている。

また，「菊のきせ綿（菊綿）」といわれる風習があり，前夜に菊を覆って露で湿った綿で朝に体を拭くと，若返りや長寿にあやかれるというものである。平安時代には，女官の間で流行したという。

「菊」という字は，たくさんの「米」を一カ所に「集める」という意味である。菊の沢山の花弁を「米」に見立てて，全体を見ると「菊」になるというわけである。菊は，米に頼って生きる日本の象徴の花である。

2 「茱萸節」

中国では，「重陽の節句」は「茱萸節」ともいわれ，人々の頭に「茱萸」注2を挿んで邪を払う慣習があった。これと同じ理由で，柱に「茱萸袋」を掛けて悪いことや病気のお祓いとした。

茱萸袋は，9月から翌年の5月まで掛けて置く。5月5日の「端午の節句」を迎えたら，香料の入った「薬玉」注3と交換するのである。

ところで「茱萸」とは山椒と同じミカン科の木で，その香りは独特である。この茱萸が邪気を払うとして，中国では昔から重用されてきた。日本では，後に「茱萸」を赤い実を付ける「グミ」と読ませたため，誤用されることになった。

【注2】茱萸の正式名は呉茱萸であり，紫赤色の果実は香気と辛味があり，生薬としても利用されている。
【注3】「薬玉」とは，麝香，沈香，丁字などの香料を錦（華麗な紋織物）の袋に入れたもの。

3 菊と皇室

「菊の節句」は,「菊合わせ」[注4]という行事によって継承されてきている。

日本では,686（天武天皇14）年に初めて菊の鑑賞会が行われている。明治時代になり,この行事は廃(すた)れたが,それでも同好者による菊の品評会として引き継がれている。

菊は香りが強く,気品に満ちている。菊は病気を防ぎ,長寿をもたらすという言い伝えが年配者に愛される背景であろうか。

皇室の御紋章は十六葉八重表菊である。これは鎌倉時代前期の後鳥羽上皇（在位1183～98年）が,菊を好まれて定めたものである。また,最高の勲章である大勲位菊花大綬章は,明治10（1877）年に制定されており,朝日の旭日と菊花を表すものである。そして菊は,日本の国花である。

4 「重陽の節句」と食

「重陽の節句」にも行事食はある。すでに「菊酒」の例を示してきた。また,菊花を用いた「菊餅」を販売している菓子メーカーもある。

「重陽の節句」の頃は,ナスの収穫期でもある。そこで,この日にナスを食べると,中風(ちゅうぶう)を免れるという言い伝えもある。

さらに,「重陽の節句」に「栗飯」を炊くという習慣もある。「御九日(おくにち)」といって,9月9日に行う祭りがあるが,この日に栗飯を炊くことから重陽の節句を「栗の節句」といわれることもあった。菊

【注4】「菊合わせ」とは,物合わせの1つで,人数を左右に分けて,双方から菊を持ち寄り,その優劣を争う遊び。

の花を添えた神酒を供えて餅をつき，栗飯を炊いて神に感謝するという収穫祭のような祭りである。この時期は，稲の実りの時節であり，無事収穫できることを願う意味も込められる。

5 菊に因んで「花市場」の経済学

◆ 花卉市場の拡大

　花の市場が拡大してきた。国産だけでは間に合わず輸入花が増加してきた。近年になって，国内需要が落ち着きを見せてきているが，自然に親しむための一歩が花との付き合いであるから，将来市場はさらに拡大しよう。

　市場では「花」だけではなく，様々な草類（卉）も扱うので，合わせて「花卉市場」と呼んでいる。

　市場で売買される花卉には，切り花類，鉢もの類，花壇用苗もの類，花木類，球根類，芝類，地被植物類と種類が多い。

　花卉市場は，その数全国に約150も存在している。2003年度において，全国に86ある中央卸売市場の中で「花卉」部を有するもの24カ所である。そこでの卸売業者数は31であり，仲卸業者数は106，売買参加数は1万1,147である。花卉の取扱金額は1,581億円に上っている[注5]。

　また，花卉の販売を委託される卸会社の中には，年間売り上げが100億円を超える規模に成長しているものが約10社もある。

◆ 花卉の取引の方法

　花卉の売買は，野菜や果物，魚介類の取引方法と基本的には同じで

【注5】農林水産省総合食料局流通課の資料より。なお同年において，中央卸売市場数86の取扱金額は4.9兆円に対して，地方卸売市場数は1,325（公設152）で，取扱金額は3.8兆円となっている。

ある。取引の場は卸売市場であり，そこでセリ（競り）にかけられ，高値を付けた買参人を介して小売店に運ばれる。

　卸会社は，国内産地や輸入商社からセリで販売することを委託される。セリに参加できるのは，買参人としての権利を取得したものに限られ，仲卸業者，量販店，花屋などであり，ここには一般消費者は参加できない。

　取引が，全てセリで行われるかというとそうではない。青果物等と同じように，セリ前に品揃えを求めて，セリを待たずして取引を決めてしまう割合が高まってきている。これを相対取引という。

◆ **相対取引の増加**

　この相対取引は，大都会では中心的な取引方法となってきている。日本最大規模の東京都大田市場花卉部では，2005年における相対取引が，切り花で約30％，鉢もので約60％にまで増加してきている。それでは，相対取引の際の価格はどのように決定しているのかといえば，セリによる取引価格を基準にしている。相対取引による流通上の効率性と，セリによる価格決定の公平性をバランス良く実現する取引方法が求められている。

　花卉市場と青果物等の市場の違いは，先の大田市場花卉部のような中央卸売市場になると，セリをコンピューターで行うようになっていることである。セリ人の独特の大声と仕草による「手セリ」ではなく，コンピューターによって取引価格を決めるのである。

◆ **東京都大田市場では「セリ下がり」方式で**

　ここでさらに特異なのは，「セリ上がり方式」ではなく，「セリ下がり」によって価格を決めていることである。機械セリが導入されたのは1990年であり，生花市場では初めてのことであった。まず，市場側

で開始価格を提示し，コンピューターを利用したいわゆる'価格時計'の中の掲示板に情報を掲載する。買参人は，希望のケース数を入力し，価格が下げられていく頃合いを見てボタンを押す。そこで取引が成立するのである。但し，買参人としての難しさは，想定価格をどこに置くかであり，これを誤ると買い取れない。したがって，小売り側から予め買い取りを依頼されているときなどは，少々高値でボタンを押さざるを得ないのである。

　花卉取引が，産業として確立され出すのは江戸時代からである。織田信長が天下統一に乗り出す戦国時代に華道が生まれ，江戸時代に入り花の職能が必要となってくる。やがて花問屋ができ，花の種類と量の流通が形成される。東京都巣鴨の周辺は，花の販売業者や植木業者の集まる所として有名であった。以後，花卉市場は着実に拡大を続け，流通，小売りの産業が発展してきたのである。

◆ 食用の花市場もある

　最後に，食用の花について触れておこう。花を食べる「花食文化」というのがある。花を観賞したり，食卓の飾りや皿の上のアクセントに利用するだけではなく，如何に美味しく食するかという文化である。

　花を食するのは日本に限られたことではない。世界各地で，花を美味しく食する工夫が行われてきている。

　日本で食される花の代表は，菊である。食用菊は，重陽の節句で競われる菊とは品種が異なる。食用菊と異なり，全国広く食べられているのが菜の花である。その他にも，花わさびや中華料理に添えられる幾つかの花がある。

　地域の食の工夫の中に花食習慣があれば，それは食文化の特殊性を窺い知るための有力な手掛かりとなりえよう。

9月7日～10月8日 【月見 (中秋の名月)】

1 「月見」とは

　「月見」とは，旧暦の8月15日に「月」を観ながら感謝や願いをする行事である。この日の月は「中秋の名月」[注6]，「十五夜」，「芋名月」とも称されている。

　月見はもともと中国の行事であり，唐の時代以降盛んに行われていた。これが日本に伝わったのは，奈良時代から平安時代にかけてであるが，平安時代に909（延喜9）年に醍醐天皇が初めて「月見の宴」を催したといわれている。

　庶民の間で月見が盛んに行われるようになったのは江戸時代で，農作物を供えて月に感謝をし，豊作を祈ったのである。月に感謝をするのは，夜の農作業の明かりとなったからであり，サトイモの収穫ができた後の満月の時に，それを供えて感謝してきたのである。この「中秋の名月」が「芋名月」と呼ばれる所以である。

　日本独自の月見行事もある。それは旧暦9月13日の「十三夜」であり，「中秋の名月」の「後の月」といわれている。その時節，栗の収穫時であるから「栗名月」，枝豆を供えるので「豆名月」ともいわれてきた。

　旧暦8月15日に「月見」をしたら，「片月見で終わってはいけない」という言い伝えがあり，「十三夜」でも感謝の収穫祭を催したのである。

【注6】「中秋」と「仲秋」は異なる。「中秋」は秋の真ん中で，陰暦8月15日の「月見」の日である。「仲秋」は，秋3か月（7月～9月）の真ん中の月・8月のことである。

2 「月見」の日は毎年異なる

「中秋の名月」の旧暦8月15日を,現在の暦(太陽暦)に直すと,9月7日から10月8日までの幅が出てくる。また,旧暦8月15日と「満月」が必ず重なるとは限らない。旧暦8月15日の前後,2日間の幅でズレが生ずることがある。したがって「中秋の名月」とは,この9月7日から10月8日の間における「満月の日」ということになる。

「後の月」の「十三夜」は旧暦9月13日であるが,太陽暦で見ると,年により10月7日から11月4日までの間でズレが出る。

「旧暦」は,現在の太陽暦とは仕組みが異なるので,年ごとに「中秋の名月」の日を確認しなければならないのである。

もう一つ付言しておくと,「満月」とは,太陽と地球と月が一直線に並んだときをいう。「満月」は新月から平均して14.7日目にやってくる。旧暦では「中秋の名月」は新月の日から14日目である。この両者のズレが,「中秋の名月」と「満月」を一致させない理由となる。

3 「月見」と食

中国の月見の行事は収穫祭である。そのときの供え物で代表的なものは「月餅」であり,小麦粉に砂糖や卵,油を入れて練った生地で,松の実やゴマ,くるみ,干し柿などを用いた餡を包んで,円形にして焼いたものである。

日本では,収穫されたばかりのサトイモや,団子,餅など丸いものを供えて,食したのである。ススキは稲に似ているところから,豊作を祈願するものとして飾られる。また,ススキは軒に吊るしておくと1年間病気をしないとの言い伝えから,月見には欠かせない。

日本で発祥の「十三夜」すなわち「十五夜」の「後の月」では，栗の他に枝豆や柿も供えられた。
　また，供えられる「月見団子」の数にも習慣があり，平年では12個，閏年には13個であった[注7]。
　月見が収穫祭の意味合いをもつことから，供え物の内容は地域の産物により異なってくる。各地域の風土を反映した月見の祝い方になるのである。
　ところで「十五夜」の夜は，農産物を盗んでも許されるという風習もあった。これは，若者で複数人数に限るという約束事があったが，この風習も，満月に収穫を皆で感謝するという建前からのものである。

4 「団子」の経済学（東京の老舗をモデル）

◆「男はつらいよ」に「草だんご」が。「団子3兄弟」でまたヒット

　団子を前にすると，思わず頬が緩む。今日のような団子が作られるようになったのは，江戸時代からである。団子は，気楽な付き合いの場やおやつ，気分転換に最適である。また，団子の手土産は喜ばれ，かつ場を和ます食物である。
　団子といえば，人気シリーズの映画「男はつらいよ」を思い出す。たまに寅さんが帰る家が団子屋であった。店のモデルは東京都柴又の「とらや」である。約百年の歴史を刻み，三代目が継いでいる「とらや」であるが，映画の第1作目から4作目までは，ここで撮影をしている。
　映画では，店に客が入る場面がある。その時，注文を受けるのは「草団子」であった。このシリーズのおかげで，団子の庶民化と普及

【注7】旧暦では，閏年は13か月の年もあったため。

にかなりの影響があったのではないだろうか。

1999年頃,「団子3兄弟」なる歌が流行った。NHK教育テレビの「おかあさんといっしょ」で1月の歌として放映されたのである。まもなくヒットチャート上位に顔を出すほどの人気であった。歌ばかりではない。串に3つ刺した団子が猛烈に売れた。この流行は2年足らずで沈静化したが,もともと団子の人気には根強いものがあったのである。

◆ 名作に登場する団子

団子にも色々なタイプがある。老舗には,作り方にこだわりをもつところが多い。原料や甘みや歯ごたえ等にも,伝統の良さを頑なに守り続ける老舗がある。一方で,団子ブームに便乗して,安易な製法と甘さだけで稼ごうとする団子屋も多い。

今では,団子は庶民の食物であるが,一昔前にはどうであったのであろうか。とにかく団子が,小説や俳句,和歌などでずいぶん登場してきている。一例を示すと,次のようにである。

「芋坂も団子も月のゆかりかな」は,正岡子規の句である。

「上野にしますか。芋坂へ行って団子を食いましょうか。」は,夏目漱石の「我輩は猫である」の一節である。

団子は,時代が変われば1つの情景となりうる,庶民のオツなお菓子であったのであろう。

ところで,この2つの作品に出てくる「芋坂」とは,東京都根岸の「芋坂」である。日暮里から線路沿いに上野方面へ歩いて数分,今は線路で遮断された芋坂が通りに合流する所,そこに「㈱羽二重団子」が一人歴史を背負い込んでいるかのように建っている。この老舗は,江戸時代の1819(文政2)年に創業し,現在7代目に引き継がれている。180年を超える歴史を支えた団子愛好者の中には,他に岡倉天心,

森鷗外，田山花袋，泉鏡花，久保田万太郎，司馬遼太郎等がおり，作品の中で何らかの足跡を残している。

「㈱羽二重団子」の7代目・澤野修一氏の，団子にまつわるお話を披露しておこう[注8]。

◆ 団子と餅の違い

　まず，餅と団子の違いから。餅は粒食で団子は粉食である。粒食とは，ご飯や餅のように粒のまま調理をする。粉食は，パン，麺類のように穀物を粉状にしてから調理をするもので，団子も同様である。団子は，米の粉を練って，蒸して，搗いて作る。

　次に，団子は菓子の原型であったということである。今日でいう茶菓子というものは，遣唐使によって伝えられた8種類の唐菓子が最初であった。団子も，この中に入っており「団喜」というものであった。当初は，神仏への供え物として使われており，十五夜の「月見団子」などにもその名残がある。庶民の口に入るようになったのは，江戸時代に入ってからのことで，綱吉の元禄年間になると名物団子が随所に現れている。

　「花より団子」と今でも使われるフレーズだが，美味しいもの，食べたいものの代表が「団子」であったことを示している。美味しいもの，食べたいものは，まだ庶民の間でも贅沢品の部類に入る菓子であり，その代表が団子であったというわけである。

◆ 団子の4つ刺しの理由

　団子の串刺しには，5つ刺しから2つ刺しまで色々である。一番多

【注8】㈱羽二重団子の代表取締役である澤野修一氏のお話から。2004年3月19日の神田雑学大学での講演録に，当老舗の歴史，団子の特長，製法など，興味深い内容が盛られている。2005年5月7日時点のhttp://www.kannda-zatugaku.com/40319/0319.htmから参照。

いのは4つ刺しである。なぜ「4」であるかは，江戸時代の貨幣に関係がある。1768（明和5）年に「5文銭」に代わり「波銭」が発行された。これは4文に相当する貨幣で，団子屋でも5つ刺しから4つ刺しを売るようになった。

ところで「羽二重団子」の特徴であるが，これを手に取ると，まず丸くなく「平たい」のに興味が湧く。これは，神仏の供え物というイメージを弱めて庶民性を出すためであり，また，芯まで火が通るように工夫されているという。「羽二重団子」は2種類，すなわち「生醤油の浸け焼き」と「漉し餡」だけで，今では前者の団子は珍しい。

◆「羽二重団子」のバランスと調和

良い団子の条件には生地の良さがあり，それは「光沢があり，しこしこして，粘りがあり，かつ歯ぬかりしない」と7代目は述べている。しっかり搗き上げたこの生地と，甘くない「生醤油の浸け焼き」と甘さを抑えた「漉し餡」とのバランスが計算されている。180年以上も庶民に愛されてきた団子を口にするとき，一噛みひとかみ歴史を遡る心持ちがするといえば大袈裟であろうか。

こうした「㈱羽二重団子」は，江戸時代の数百軒から今に残る数軒のなかの1軒なのである。他の由緒ある団子屋のテーブルに向かうときも，一様に同じ思いがするのである。

因みに，「㈱羽二重団子」が一番忙しいときは，彼岸の中日だそうで，やはり神仏への供え物という風習がまだ残っているからという。

9月第3月曜日【敬老の日】

1 「敬老の日」とは

「敬老の日」は,「国民の祝日に関する法律」の改正により,1966年に制定された国民の祝日である。同法第2条には,「多年にわたり社会につくしてきた老人を敬愛し,長寿を祝う」日とある。

「敬老の日」は,かつては「としよりの日」であり,さらに「老人の日」になり,このようになった。

「としよりの日」は,1954年に設けられている。その後,1963年制定の「老人福祉法」の第5条には,「9月15日を老人の日とし,国や地方公共団体はこの日にふさわしい事業を実施するように努めなければならない」と規定した。表現が良くなかった「としよりの日」は,1964年に「老人の日」と改称され,1966年に「敬老の日」として国民の祝日になった。

この祝日も2002年までは「9月15日」であったが,翌年から現在のように「9月第3月曜日」のように移動祝日になった。

「敬老の日」の由来として,次のような説が有力である。

聖徳太子は大阪に四天王寺を建立しているが,その時に悲田院を設けているが,これが今流の老人ホームであった。身寄りのない老人や病人を収容する救護施設であった。この悲田院ができたのが9月15日であったというのである。

「としよりの日」を最初に提唱し,実施したのは,兵庫県多可郡野間谷村（現在の八千代町）の門脇政夫村長であり,1947年に敬老会を行っている。1950年には,兵庫県の行事として行われている。

このように,「敬老の日」は,日本で生まれた行事なのである。

「敬老」の対象は65歳が1つの目安なのであるが,その準備か還暦

に「赤いちゃんちゃんこ」を送るという風習がある。数え年61（満60）歳は，人生5回目の「年男」，「年女」である。還暦とは，「誕生した干支に還って，赤ちゃんにもどる」ということであろうか。

■セミナー ──❻
年中行事の目的

年中行事の一つひとつには，その由来にもとづく目的がある。それを示す一覧表を提示しておこう。

	行事	目的
1月1日	正月	年神のお迎え，感謝，豊作祈願
1月7日	七草の節句	健康
1月11日	鏡開き	年神に感謝
1月第2月曜日	成人の日	記念と祝い
1月15日	どんど焼き	年神のお送り
2月3日	節分	健康，厄除け
2月8日	針供養	感謝
2月11日	建国記念の日	記念と祝い
2月14日	バレンタイン・デー	交流
3月3日	桃の節句・ひな祭り	健康（成長）
3月14日	ホワイト・デー	交流
3月18日～24日	彼岸・春分の日	先祖のお迎え，鎮魂，感謝
4月29日	みどりの日	記念，自然愛好
5月3日	憲法記念日	記念
5月5日	端午の節句・こどもの日	健康（成長）
5月第2日曜日	母の日	感謝
6月第3日曜日	父の日	感謝
7月7日	七夕	先祖の鎮魂，収穫祭
7月13日～16日	盆と中元	先祖のお迎え，鎮魂，感謝
7月第3月曜日	海の日	記念，繁栄
7月20日頃から立秋前日	土用の丑の日	健康
9月9日	重陽の節句	健康（長寿）
9月7日～10月8日	月見	収穫祭
9月第3月曜日	敬老の日	健康（長寿）
9月20日～26日頃	彼岸・秋分の日	先祖のお迎え，鎮魂，感謝

10月第2月曜日	体育の日	健康
11月3日	文化の日	記念，発展
11月15日	七五三	健康（成長）
11月23日	勤労感謝の日	感謝
12月1日〜20日	お歳暮	感謝
12月22日頃	冬至	迎春の期待，健康
12月23日	天皇誕生日	記念
12月25日	クリスマス	感謝
12月31日	大晦日	年神のお迎え，感謝，祈念

　ここに掲げた年中行事の数は34日にも上る。見方を変えると，年中行事は10.7日に一度の割合で巡ってくるというわけである。
　年中行事の目的を，分類して共通概念で括ってみると，次のようになる。

《年中行事の目的》	《行事数》
感謝	12
健康（長寿，厄除け，成長）	10
先祖のお迎え，鎮魂	4
豊作祈願と収穫祭	3
交流	2
記念と祝い	7

（**注**）一部重複あり。

　このようにして見ると，年中行事の目的をまとめるキーワードが浮かび上がってくる。それは「感謝」，「健康」，「祈念」である。「祈念」と「感謝」の中に「食料の確保」に関する行事が3つ含まれている。
　こうして，生き抜くために最優先しなければならない「健康」と「食料確保」があり，「感謝」と「祈念」が繰り返されるのである。これが，より良く生き抜くための先祖の知恵だったのである。

9月20日～26日頃【彼岸・秋分の日】

(**1**～**4**は【彼岸・春分の日】(62～64頁)と同文である)

1「彼岸(ひがん)」と「春分の日」,「秋分の日」

「彼岸」には「春彼岸」と「秋彼岸」があり,「春分の日」と「秋分の日」を中日[注9]にした前後3日間を合わせた7日間ずつとなっている。初日は「彼岸の入り」という。

「春分」と「秋分」は,太陽が真東から昇り真西に沈み,昼と夜の長さが同じになるところである。「暑さ寒さも彼岸まで」という言葉どおり,「彼岸」は季節の変わり目に行われる仏教上の行事である。

「彼岸」とは,「河の向こう岸」のことであり,これに対して「現世」を「此岸(しがん)」という。河の向こう岸は,阿弥陀仏の極楽浄土であり,先祖の霊が在るところである。

彼岸の時は,真西の極楽浄土が最も近くなる日であり,祖先の霊をなぐさめ,自分の極楽往生も願って,お墓参りをする日となっている。

近年の通念では,彼岸といえばお墓参りの日,お坊さんにお経をあげてもらう日あるいは先祖に心を向けて霊に供え物をする日ということになっている。こうした風習は,1948年制定の「国民の祝日に関する法律」で,「春分の日」を「自然をたたえ,生物をいつくしむ日」としたせいであろうか,「秋彼岸」の方に色濃く引き継がれてきている。

【注9】「春分の日」と「秋分の日」が「中日」であることを決めたのは,1844(天保15)年から現在の太陽暦が採用された1872(明治5)年までの「天保暦」からである。今日では,「中日」の決定は前年の2月に国立天文台から発表されている。

2 彼岸の歴史

　日本で初めて「彼岸会」を執り行ったのは，平安初期の806（延暦25）年，桓武天皇の崩御の年である。桓武天皇は，政治上の争いから自身に向けた弟の怨霊を鎮め，流行っていた天然痘を抑えるために彼岸会を開催したといわれている。

　江戸時代になって，彼岸は庶民の間の行事になったのであるが，1943（天保14）年，彼岸は春分と秋分を中日として前後3日の7日間になり，今日に受け継がれている。

　1878（明治11）年，「春分の日」，「秋分の日」は，天皇が歴代の天皇を祭る「国家の祝日」となった。これを「春季皇霊祭」，「秋季皇霊祭」というが，1948年に祝日法によって「国民の祝日」になった。これによって，「春分の日」は「自然をたたえ，生物をいつくしむ」日になり，「秋分の日」は「祖先をうやまい，なくなった人々をしのぶ」日になった。

3 彼岸が7日間である理由

　ところで彼岸はなぜ7日間なのであろうか。それは，煩悩（心身を煩わす妄念）を断ち，涅槃（静寂）の境地で「河の向こう岸」すなわち彼岸に着くためには7日間の修行が必要とするからである。これを「波羅蜜多」といい，ここに至るには次の「六つの徳目（六波羅蜜）」を修行しなければならない。
　　①布施…財を施し，真理を教え，安心を与えること。
　　②持戒…戒律を守ること。
　　③忍辱…苦しさに耐え忍ぶこと。

④精進…常に仏道にそって努力すること。
　⑤禅定…心を静めて宗教的瞑想に入ること。
　⑥智慧…道理を正しく判断する力を身につけること。
　彼岸は，誠に厳かな行事なのである。

4 彼岸の食「ぼたもち（おはぎ）」

　彼岸の食といえば「ぼたもち」あるいは「おはぎ」である。小豆で作った「あんこ」を，炊き上げて練ったもち米にからませたものである。

　「ぼたもち」は「牡丹餅」であり，「おはぎ」は「お萩」であり，季節の違いを表現している。春のお彼岸には「ぼたもち」を，秋の彼岸には「おはぎ」を食べる，といえば季節の趣きを汲んだ表現といえようか。

　しかしそれは一般的とはいえず，「ぼたもち」，「おはぎ」は地域の呼称という色合いが強い。

　春と秋の彼岸は，先祖の霊を供養することを共通にしながらも，春には豊穣を祈念し，秋には収穫を感謝しながら，「ぼたもち（おはぎ）」を神に捧げて食するのである。

　彼岸の入りには，お墓の掃除をして，「ぼたもち（おはぎ）」を作り，お供え物とする。これを「迎えだんご」という。彼岸の７日目には「送りだんご」といって，お供えをして，お参りの後に家族で食するのである。

5 「ぼたもち(おはぎ)」の食材である「もち米」の経済学

◆「もち米」の特質

「春彼岸」の節で「あんこ」の原料となる「小豆(あずき)」の需給状況を解説した。「ぼたもち(おはぎ)」のもう一方の食材は「もち米」である。ここでは,「もち米」の生産状況を明らかにする。

日本で食する米には2種類ある。主食にしている米が「うるち米」であり,餅に適しているのが「もち米」である。

「もち米」には粘り気がある。これは澱粉(でんぷん)を構成する主成分に,水に溶けやすいアミロースが入っていないからである。アミロースではなくアミロペクチン100％で澱粉を構成しているのが「もち米」である。一方,「うるち米」にはアミロースが約20％含まれている。この含量が少なくなると米に粘り気が出てくる。例えばコシヒカリには,アミロースが16％前後であり,普通の米の平均より4,5％低くなっている。コシヒカリには粘りがあり,日本人の好みに良く合うというわけである。

◆「もち米」の生産状況

「もち米」は,2004年産で27.4万トン収穫されている。その主産地は,北海道,佐賀県,新潟県,岩手県,熊本県などである。「もち米」の生産量も,通常の「うるち米」と同様に生産量が減少傾向を辿っている。また,作付面積で見ると,同年において両方の米の中で3.1％を占めるに過ぎない。1970年代半ば頃までは,この割合が6％前後であった。「もち米」を利用する機会が減ってきているのである[注10]。

【注10】農林水産省大臣官房統計部公表資料より。

◆「もち米」の購入量の減少

　消費の側から、「もち米」と「餅」の購入量を見てみよう。

　家庭における年間「もち米」購入量は、1967年に1.9kgであったものが、1999年には0.7kgと3分の1近くに落ち込み、その後、統計調査の対象から外されてしまっている。

　「餅」の方は、同期間に0.5kgから0.9kgへと増加してきた。

　これを見て明らかなように、近年では、「もち米」を買うのではなく、「餅」を買うようになってきているのである。「ぼたもち（おはぎ）」も同様に、家庭で作るのではなく買うのが普通になってきている[注11]。

　一昔前のように、年末の「餅つき」の音で心躍らせ、彼岸には、「ぼたもち（おはぎ）」作りの横で食せる機会をじっと待つという時代は終わっているのである。

【注11】総務庁「家計調査年報」(財)日本統計協会、各年版より。

10月 [神無月／October]

10月第2月曜日【体育の日】

1「体育の日」とは

「体育の日」は「国民の祝日に関する法律」の改定により，1966年に制定されている。同法第2条により「スポーツにしたしみ，健康な心身をつちかう」日となっている。

その前は，オリンピックを東京に招致するキャンペーンとして，スポーツ振興法により「10月第1土曜日」が「スポーツの日」とされていた。

1964年の東京オリンピックの後，1966年から「10月10日」を「体育の日」としている。10月10日は，日本の気象観測史上，晴れる確率が一番高いので，この日をオリンピックの開会式に当てていたのだった。

2000年から，連休を作るために今日の「10月第2月曜日」に変更されたのである。

■■ セミナー ——— ❼
「食育」と年中行事の精神

● 「食育」のすすめの理由
　近年,「食育」のあり方が問い直されてきている。学校給食を利用した栄養・食物教育を導入するところが増えてきている。また,2002年からの学校五日制完全実施に伴う「総合的な学習の時間」を利用した食育教育や,農村での体験学習などの「食農教育」も実施されるようになってきている。
　「食育」とは,栄養や食物のバランスだけではなく,食事マナーや食材の生産から消費までの実際を含む教育である。
　なぜ,こうした「食育」が見直されるようになってきたのであろうか。1つには,若年層にまで広がる生活習慣病がある。医療費の急増にどのように対応していけるか,という難問に直面し,事態は予防対策を実施せざるを得ないところまで悪化してきている。
　そこで,個食(孤食)や欠食を減らす一家団欒の回復や,脂質や塩分の摂取を減らす食生活,和食のすすめが,国家計画の中で対策が講じられてきている。これらのことは,2000年3月に,農林水産省,厚生労働省,文部科学省の3省合同で出された「食生活指針」の骨子を成している。

●「食育」の大切さと限界
　「食育」は好ましいことである。命の源泉に関わり,人の幸福を左右する「食育」は,本来教育の中心にあって良いはずである。日本の教育は「知育」,「徳育」,「体育」を柱としているが,ここに「食育」を加えることに矛盾はないはずである。
　ところが,戦後の核家族化の過程で,家庭がこの「食育」を担えなくなってきてしまった。家庭の食卓では,手作りの食がインスタント食や市販の総菜にとって代わり,同時に外食での出費を増加してきた。
　そこで,「食育」を学校教育の場に移し,近年,様々な取り組みが行われるようになってきている。この方向を良しとしても,これが本当に正しい「食育」のやり方なのであろうか,と問うてみることは大切である。
　食に関する関心は継続的でなければならない。しかも食への関心は,年

齢と共に，体調に合わせて，自ら考え，選択できるものでなければならない。すなわち，低年齢・早期教育と称して，児童時の従順さを当て込んだ教育だけで大丈夫なのであろうかということなのである。

答えは，全く不充分といわざるをえない。食に関する学習の神髄は「食への関心度の高さ」であり，それが「継続できる」ものでなければならない。

● 「食育」の限界を打破する年中行事

食への関心を高めて，それを継続させていくためには，一人ひとりに強い動機が必要である。己の食文化を創造していくことに，何らかの価値付けが伴う社会であるべきである。かつては日本も，「我が家の味」，「我が家の料理」，「祖父母から受け継いでいる作り方」があった。ここから「郷土の料理」，「郷土の食材」が残されてきたのである。

これを下支えしていたのが「年中行事と食」なのである。「年中行事の精神」は「感謝」と「願い（祈り）」である。先祖や神や自然に感謝し，健康や農作を願うのである。大晦日（正月）に年神様を迎え，どんど焼きで年神様を送る，彼岸に御先祖を迎え，7日目に送る。こうした行事のなかで，「食」で迎え，「食」で送るのである。「食」は全て感謝の対象であり，同時に「次の食」をお願いする。こうした儀式には「心を正す」ことが求められ，それが生産活動への真摯な取り組みにつながる。

「年中行事」は家族皆で行い，地域の人と協力し合う。一つの行事を成し終えたとき，心に残るのは「安心」であり「次への備え」であった。

年中行事は「伝承されてきた食教育」の側面を強く併せ持つ。年中行事は，食への関心を維持し，高める儀式の側面をも有する。長い伝承の過程で，健康と長寿のための知恵を，その風土の中で蓄積してきたものが「行事食」なのである。

「食育」の根本は，ここにあると言わざるを得ないのである。

11月 [霜月／November]

11月3日【文化の日】

■1 「文化の日」とは

　「文化の日」は1948年の「国民の祝日に関する法律」で制定された国民の祝日である。同法第2条では「自由と平和を愛し，文化をすすめる」日とある。
　かつてこの日は，明治天皇の誕生日すなわち「明治節」であった。明治天皇の時代になり，文明開化と近代化が進展し出した。「明治節」と「文化の日」につながりはなくても，「文化をすすめる」日とは重なる部分がある。
　戦前まで，天皇誕生日は「天長節(てんちょうせつ)」と呼ばれていた。1912（明治45）年7月30日，明治天皇は崩御(ほうぎょ)された。「11月3日」は，天長節から普通の日になってしまう。明治天皇の偉業を伝えるためにも祝日として残したい，との声があがり始める。
　1925（大正14）年に，議会を通過中であったが，大正天皇のご病気

が悪化していたので中断する。そして昭和2（1927）年3月3日に11月3日を「明治節」と制定した[注1]。これが戦後「文化の日」として引き継がれているのである。

なお「文化の日」の行事として、「科学・芸術などの文化の発達に偉大な功績のあった」人を讃える文化勲章の授与がある。

【注1】「明治節」は「四大節」の一つとされていた。「四大節」とは、新年節（元日）、紀元節（建国記念の日）、天長節（天皇誕生日）、明治節（文化の日）の総称。

■■セミナー──❽
「食の記念日」とその意味

「食の記念日」が年間を網羅している。その推進母体は、各々の食品の協会、組合、協議会、振興会等である。これにデパートやスーパーマーケット、コンビニ等の小売側からの記念日設定もある[注1]。

「食の記念日」のねらいは、各業界における販売促進である。これがイベントとして行われる事例が多い。

大手小売店では、年間スケジュール表を作成し、月ごとに販売イベントの案内表を配布している。月ごとの案内であるから、その中には年間行事に関連する食品と、記念日の対象とされている食品が、次々と数日おきに紹介されている。

こうした広告には、折り込み用のものや店舗での配布用などがあるが、その内容に関心を集める工夫が凝らされているものがある。なかでも、食品を売り出す理由を、行事の歴史的な解説をすることによって、すなわち文化の伝承を説きながら販売促進しようとする事例が増えてきている。食の記念日による販売においても、その食品の由来やエピソードなどの解説を付けて販売促進を試みるのである。こうしたいわば「知識提供型」販売促進が常套化してきているのである。

一覧表で、日本記念日協会の公表資料に基づいて、「食の記念日」を紹介しておこう。このように「食の記念日」が大変多いのである。

【食の記念日】

●1月
10日「魚の日」
15日「いちごの日」
15日「お菓子の日」
17日「おむすびの日」
24日「すき焼きの日」
25日「中華まんの日」

●2月
3日「のり巻きの日」
6日「海苔の日」
9日「ふく（ふぐ）の日」
14日「チョコレートの日」
22日「カレーの日」
28日「ビスケットの日」

●3月
8日「ミツバチの日」
10日「駅弁の日」
14日「キャンデーの日」
20日「卵の日」

●4月
4日「アンパンの日」
6日「コンビーフの日」
13日「喫茶店の日」
23日「地ビールの日」

●5月
2日「緑茶の日」
4日「ラムネの日」
5日「わかめの日」
8日「ゴーヤの日」
9日「アイスクリームの日」
13日「カクテルの日」
15日「ヨーグルトの日」
29日「こんにゃくの日」

●6月
1日「麦茶の日」
2日「カレー記念日」
2日「甘露煮の日」
6日「飲み水の日」
10日「ミルクキャラメルの日」
10日「無糖茶飲料の日」
11日「梅酒の日」
16日「和菓子の日」
16日「麦とろの日」
20日「サクランボの日」
21日「スナックの日」
22日「蟹の日」

●7月
2日「うどんの日」
2日「蛸の日」
3日「ソフトクリームの日」
5日「インゲン豆の日」
6日「サラダ記念日」
7日「竹，筍の日」
7日「乾麺の日」
7日「冷やし中華の日」
10日「納豆の日」
16日「駅弁の日」
20日「ハンバーガーの日」
23日「てんぷらの日」
27日「ウナギの日」
27日「スイカの日」
28日「菜っ葉の日」

●8月
1日「水の日」
1日「パインの日」
2日「ハーブの日」
3日「はちみつの日」
3日「ハモの日」
4日「箸の日・箸供養」
4日「ビアホールの日」
6日「ハムの日」
7日「バナナの日」
8日「パパイヤの日」
8日「発酵食品の日」
8日「白玉の日」
25日「即席ラーメンの日」
31日「野菜の日」

●9月
1日「キウイの日」
6日「黒豆の日」
15日「ヒジキの日」
18日「かいわれ大根の日」
29日「洋菓子の日」

●10月
1日「日本酒の日」
1日「コーヒーの日」
1日「日本茶の日」
4日「イワシの日」
5日「レモンの日」
10日「マグロの日」
10日「缶詰の日」
13日「さつまいもの日」
15日「きのこの日」
18日「冷凍食品の日」
24日「アボカドの日」
29日「トラフグの日」

●11月
1日「紅茶の日」
1日「すしの日」
3日「サンドィッチの日」
3日「みかんの日」
7日「鍋の日」
8日「あられ・せんべいの日」
11日「チーズの日」
11日「ピーナッツの日」
11日「きりたんぽの日」
11日「鮭の日」
15日「かまぼこの日」
15日「こんぶの日」
20日「ピザの日」
22日「回転寿司記念日」
23日「外食の日」
24日「鰹節の日」

●12月
10日「アロエヨーグルトの日」
13日「ビタミンの日」

●毎月
11日「麺の日」
12日「パンの日」
12日「豆腐の日」
15日「惣菜の日」
20日「ワインの日」
21日「漬物の日」
28日「鶏の日」
29日「肉の日」
30日「みその日」
31日「そばの日」

多くの食品(群)は「旬」を知らせるものであるが、なかには食品名と日付の語呂合わせのものや歴史的関連のものも含まれる。

こうした「食の記念日」に基づいた販売促進は、日常の消費にアクセントを付ける。旬や行事によって、消費の平均的な波が形成されるのであるが、「食の記念日」がそれを増幅させるのである。そのための方法で目に付くのは、新しい食べ方、新しい組み合わせ、さらにはそれを備えた雰囲気を提案することである。

「食の記念日」は、販売側の工夫と消費者の感性が合致するとき、新たな食文化創出の契機になるものである。これが消費の盛り上げに寄与する効果は大きい。

(注1)「食の記念日」の登録を「日本記念日協会」が行っている。

11月15日【七五三】

■1 「七五三」とは

11月15日は「七五三」であり、現在でも盛んに行われている行事の1つである。

「七五三」は、子どもの歳祝いであり、その節目に子の健やかな成長を願う行事である。奇数がめでたい数であり、病気や災難の心配を余儀なくされる7歳までが行事の対象になる。

古くは、7歳までは社会の一員として認められず、罪からも喪からもその対象とされていなかった。7歳となって、祖神(うじがみ)の子孫としての立場すなわち氏子(うじこ)に加えられたのである[注2]。

今日における小学校教育の開始年齢を節目としていたのである。

2 「七五三」は，日本における新しい行事

　「七五三」と，「七」，「五」，「三」をまとめて称されるようになったのは江戸時代末期からである。それ以前は，各年齢ごとにお宮参りをしていた。この慣習は平安時代からのもので，公家の間で行われていた。江戸時代の中期になり，呉服屋が「七」，「五」，「三」をまとめて宣伝するようになった。これが「七五三」となった背景であるといわれている。

　「七五三」が11月15日に行われるようになったのは，徳川3代将軍の家光の4男である徳松の祝いがこの日に行われたことに由来する。病弱だった徳松が5歳になったときに催された祝宴が，1650年11月15日であった。徳松は，後の5代将軍綱吉である。

　「七五三」は，日本独自の儀式である。

　「三」すなわち3歳では，「髪置き(かみおき)」といって，3歳の春から改めて髪を伸ばし始める。

　「五」すなわち5歳では，「袴着(はかまぎ)の儀」を行う。平安時代は男女ともに袴をつける儀式を行っていたが，江戸時代に入り男子のみの儀式となった。

　「七」すなわち7歳では，紐付き着物をやめて，帯を結ぶという「帯解(おびと)きの儀」を行って，これを祝うのである。これは室町時代からの儀式であったが，江戸時代に入り男子は5歳で，女子は7歳で行うようになった。

　また，お祝いの年齢も，かつては数え年[注3]であったが，最近では満

【注2】　かつては，子供を無事育て上げることは大変なことであった。医療や衛生対策が不十分であり，食料が不足していたからである。そこで7歳までの命は，神の手にあり，神の決定事と割り切る必要があった。このような事情のもと，子供が7歳を乗り切ると大いに祝った地域が多かった。

年齢[注4]で行うようになってきている。

お祝いの仕方は，社寺でのお参りを中心にするが，江戸時代の慣習から3歳の男女，5歳の男子，7歳の女子がこれを行っている。

3 「千歳飴(ちとせあめ)」の経済学

◆「七五三」の風景と「千歳飴」の意味

「七五三」の日の光景は次のようである。お宮参りで，子供の成長を祝い健康を願う。子供は晴れ着で身を包み，「千歳飴」を手にしている。記念撮影をして，親族を集めた小披露宴を催す。

「千歳飴」（袋）は見慣れているが，改めて眺めると異様なものである。子供が引きずらんばかりの縦長の袋に，松竹梅や鶴，亀，紅白の絵柄が派手に描かれている。中には数本，これまた長い飴棒が入っている。名称の「千歳飴」に，すぐ納得できる人も少ない。しかし，これらには1つひとつ意味があるようである。

まず，「千歳」とは1,000年である。飴は，水飴を煮詰めてよく練り，それを繰り返すことによって飴の中に空気泡を入れて白くし，風味を出す。色付きの飴も揃えて，みな長く引き延ばす。その飴を細長い袋に入れて，子供の成長，健康，長寿を表している。袋の絵柄は，これまでの成長の縁起のよさを強調している。

なるほど「七五三」に「千歳飴」はよく似合う。写真店でも「千歳飴」の袋を用意し，ホテルでは披露宴のメニューに「千歳飴」を加えている所が多い。これが無ければ「七五三」に彩(いろどり)が不足しようか。

さて，この「千歳飴」は，いつから登場しているのであろうか。多

【注3】「数え年」とは，生まれた年の12月までを1歳とし，正月ごとに歳が増えていく年齢の数え方。
【注4】「満年齢」は，生まれたときは0歳で，誕生日ごとに1歳を加えていく。

くの資料では，次のように説明されている。飴作りの技法が確立されていた江戸時代の初期に，浅草にある飴屋（長兵衛）がいた。彼は，子供の健やかな成長を願って，長い飴を作り「千歳飴」と名付けて売っていたとのことである。

◆ 飴の効用と需要

　社会が豊かになると「飴」に執着する人が減ってくる。今では，レトロ感覚で昔の飴を懐かしむようになってしまった。ところが時代を遡れば，飴は立派な菓子として，人々に愛されていたのである。飴が，今日のもののように，固形になって売られるようになったのは江戸時代からのことである。それまでは，飴はあるが，「水あめ」で料理用であった。甘味は，植物の中の糖分から得られ，原料を煮詰めると水飴のようになることは，随分前から知られており，日本書紀の中にも記されている。

　ところが，固形の飴となると意外に歴史は浅いのである。飴に代わる菓子類が販売されるようになり，飴の効用は低下しているが，飴の「甘さ」は貴重である。

　近年では，飴は「千歳飴」だけではなく，各種の行事用として販売されるようになっている。全国飴菓子工業協同組合によると，飴の歳時記ともいうべき次のような行事飴が紹介されている。

【行事飴】

　正月…［干支の飴，寿飴，来福飴，御芽出糖飴］
　節分飴…［福豆の代わりの福飴］　　ひな祭り…［ひな飴］
　ホワイトデー…［キャンデー］　　　端午の節句…［菖蒲飴］
　ブライダル…［キャンデー］　　　　敬老の日…［長寿飴，長老飴］
　七五三…［千歳飴］

（注）2005年5月現在，全国飴菓子工業共同組合のホームページより。

さて最後に、1世帯当たり年間のキャンデー（飴）に対する支出額を示しておこう。この20年間では1993年の2,502円が最高であり、その後2,200円台で推移している。2002年を月別で見ると、3月が一番多く234円であり、8月が132円で最小になっている。飴類は気温が上がる夏場に支出が減少し、10月から増加し出す。

11月23日【勤労感謝の日】

1 「勤労感謝の日」とは

「勤労感謝の日」は、1948年の「国民の祝日に関する法律」で制定された国民の祝日である。同法の第2条で、「勤労をたっとび、生産を祝い、国民がたがいに感謝しあう」日とされている。

「勤労感謝の日」になる前は「新嘗祭（にいなめさい）」であった。「新嘗」とは、天皇が新穀を全ての神すなわち天神地祇（てんじんちぎ）に献じて、親しく食する儀式である。天皇の即位の後に初めて行う儀式は「大嘗祭（だいじょうさい）」という。これを、古くは陰暦11月の2回目の卯（う）の日に行われており、その後11月23日になったのである。

このように、「勤労感謝の日」の前身は、食料の収穫を喜び、神仏に供えて感謝した日であったのである。戦後の経済発展期からは、食料に限らず、勤労し、生産できることを喜ぶ文字通り「勤労感謝の日」となってきている[注5]。

【注5】 現在でも、「新嘗祭」は行われている。宮中や伊勢神宮では11月23日に行われている。

2 食料確保と「勤労感謝」の経済学

◆「勤労感謝」は外国の農業生産者に？

　時代を遡ればのぼるほど，多くの人たちが食料確保の仕事に携わっていたことになる。したがって「勤労感謝の日」とは，多くの農林漁業労働を称える日であったともいえる。食料の収穫を慶び，神に感謝し，そこに携わった人々で互いに称え合う，このような「勤労感謝の日」でもよかったのである。

　ところが今日では，食に携わる人の数は減り，次第に農林漁業に対する関心度は低下してきた。「勤労感謝の日」は，食料確保以外の職業についている人の「勤労をたっとび，生産を祝い，国民がたがいに感謝しあう」日に近い状況になってきた。2004年には，食料の生産に携わる人は，国民の3％に過ぎない。3％の国民が1億2,700万人の国民の胃袋を満たせるなら，これは素晴らしいことである。

　しかし国内生産では，カロリーでみて40％しか供給できていない。自給率40％ということである。「勤労感謝」は，日本に食料を売っている外国の農業者に向けなければならなくなった。ところが彼らには，日本人のために良いものを作っているという意識は弱い。如何に儲けるかであり，安全性が心配される理由がここにある。

◆ 食料自給率低下の論理

　食料自給率を，ここまで低下させている先進国はない。むしろ自給率を上げることが，国策として重要視されている。ところが日本では，自給率向上を大きな声で唱えられない状況になっている。自動車やその他の機械類の輸出で，石油等の原材料輸入に要する額以上のドルを稼ぐことが歓迎されているからである。輸出は強力な景気振興策であ

る，豊かさとは工業製品の生産を増やすことによって実現される，このような偏った考え方に支配されている人の方が圧倒的に多い。

　ドルを稼ぎ過ぎれば，バランスをとるべく輸入の増加が求められる。日本で何を輸入するかとなると，耕地面積が狭く生産性を工業のように上げられなかった農産物を，ということになるのである。農業は工場生産ではない。各々の地域条件を背負いながら，自然と親しむように生産活動をしなければならないのが農林漁業である。農業が自然を維持し，災害を防ぐ効果の大きさも分かってきた注6。

　これを日本は国際会議でも主張するようになってきたが，国際収支の黒字大国が，米国のような農産物輸出大国に理解してもらうことは難しい。

◆ 食料輸入増加の国内要因

　食料自給率低下の本当の理由は，国内にある。国産を選ぶか輸入品にするかは，消費行動で決まる。とはいえ，消費者側でそれを判別するのも難しい状況に置かれていた。「原産地表示」が義務付けられてから，まだ年数が浅いのである。これは国内行政のあり方に係わる問題である。1996年に，野菜5品目の原産地表示を義務付けたのがスタートであった注7。

　私たちは，食料の支出に年間80兆円前後を使っている。この内，60％超を加工食品に支出し，外食には30％も使っている。いずれも輸入原材料の使用が多い。食料が加工されると，国産と輸入の判別がさ

【注6】農地・農村の様々な役割すなわち「多面的公益機能」の試算例を示そう。1996年，野村総合研究所は仮想評価で次のような効果額を示した。1世帯当たり10万1,000円の支払い意思があるとして，総額4兆1,000億円。また，林野庁は，2000年の公益的機能評価額を74兆円としている。

【注7】野菜5品目とは，ブロッコリー，サトイモ，ニンニク，根ショウガ・生ショウガ，生シイタケである。中国からの輸入急増で，国内農家が窮地に陥ったのである。その後，2000年に野菜，果実，キノコ，肉，卵，魚介が加えられた。

らに難しくなる。加工食品の原料の原産地表示の義務付けは，取り組みが始まったばかりで余り進展していない。

今度は視点を変えて，輸入業者に目を向けてみよう。国内に輸入食料が溢れているといっても，輸入しているのは国内企業なのである。残留農薬で心配された中国産野菜も，BSE（牛海綿状脳症）牛肉の混入が懸念される米国産牛肉[注8]も，輸入に躍起になっているのは国内企業なのである。

企業の目的は，利益の増加である。しかし一部の企業は，これに安全性という条件をつけて競争している。多くの企業は，扱っている商品が食品であろうと，利益を優先にして安全管理を等閑にし，偽装行為にも手を染めている。企業性善説の日本であったが，信念を貫く一部の良き経営者の姿を，多くに求めるのはやはり無理というものなのであろう。

◆ 子供に食への感謝と自然の尊さを，どのように教えられるか

子供に，食料生産に係わる人の仕事ぶりを見せることは大切なことである。食への感謝の念は，このような体験の多さと，農業者との交流以外に強まらないかもしれない。働く親の姿を見せ，躾や教育があっても，子供は農の現場を体感できていないため，ある年齢を過ぎたら食への関心を弱めてしまう。

ところが，一度でも農家の仕事を手伝ったり，農業者との交流があると，多くの子供の態度が変わるという報告が多い。筆者の調査でも，地元の農家が学校給食向けに食材を供給し，給食時間に農家の人が出向いて，農作物の栽培の苦労話をすると，畑に対する子供の見る目が

【注8】 2005年5月現在，米国産牛肉の輸入を巡って紛糾している。2003年12月に米国でBSEが発生して，輸入を止めているのであるが，米国と日本の外食企業の一部が輸入再開の圧力を強めている。食品安全委員会の判断が見守られている。

変わるという。それまで、時折あった畑荒らしがピタッと止むそうである。

　東京都武蔵野市では、小学生を長野県の農家にホームステイさせるようになって長い。都会の子供が、農作業を手伝って、その時の収穫物を食卓で目にすれば、「食べる」ということは「食べられる」ということに気が付く。ここで初めて、心の籠もった「いただきます」がいえるようになるのである。

　都会で暮らす子供の多くは、自然と遊べない。子供どころか、子供の頃に自然と戯れたことのない大人は、都会の中でしか自分の居場所を見つけられない。自然と親しむということは、高度な一つの芸術である。幼い頃に体験がないと、自然はなかなか仲間に入れさせてはくれない。

　自然への接近が農村である。農村での体験の多くは、自然の中の部分と重なり合う。農村は生産の場であるが、それだけに止まらず、このような視点から見直すべきである。1990年代後半から、日本では「地産地消」、世界では「スローフード」が運動として盛んになり[注9]、近年では「グリーン・ツーリズム」が見直しされ始めている。同時に「食育」、「食農教育」が進められるようになってきた[注10]。

　しっかり進めないと、農業従事者の高齢化で、学ぼうにも学べなくなってしまいそうである。「勤労感謝の日」の迎え方にも、本来流儀があって然るべきと思えてならない。

【注9】「地産地消」とは、地域の食文化と産物を大切にして、各々の地域でも積極的に食して、良いところを伝承しようという運動である。「スローフード」とは、北イタリアから広がりつつある運動で、地域の食材を守り、食文化、食教育を柱にするものである。1989年に日本でもスローフード協会が発足している。

【注10】「食育」とは、学校や地域の集まり等で、食文化や食の栄養と健康等の知識を広めようとするもの。「食農教育」とは、農業体験や農村との交流をしながら、食の大切さを学ぼうとする方法。「グリーン・ツーリズム」とは、農村や山村での生活や営みに関わりながら、自然と風土に親しみ、学ぼうというものである。1992年に農林水産省が「グリーン・ツーリズム研究会」を発足させ、中間報告を出してから本格化する。

12月 [師走／December]

12月1日〜20日【歳暮】

■1 「歳暮(せいぼ)」が定着した理由

　「お歳暮」は，年の変わり目に先祖の霊を迎える供え物を，親，本家，師匠，仲人などに届ける風習である。1年間の感謝の気持ちを，贈り物という形で届けるのである。

　「お歳暮」の定着には，様々な要因の重なりがあると思われる。例えば，もともとは，1年間における，神への感謝の気持を表す儀式が，このような贈り物というかたちになって継承されているのではないであろうか，ということである。

　また，正月には年神様を迎える準備が大変なことから，親類一同が暮れに本家へお供え物を持って行くという風習も，お歳暮と関係がありそうである。

　さらには，かつて日本では，商いの決済を「盆と暮れ」の2回に分けて行われていた所が多い。これも，「お中元とお歳暮」という行い

を慣習化させる背景になってきたのではないだろうか。

2 「歳暮」の経済学

◆「歳暮」市場と経済状況

　「お歳暮」の市場規模は，2002年において7千億円前後と推計されている。お歳暮やお中元の規模は，経済の局面によって相当変動するものである。というのは，「お歳暮」や「お中元」は，職場の中での礼儀あるいは思惑に利用されるようになって，その市場を伸ばしてきたからである。上司，取引先との贈答という習慣が，経済成長と共に広まってきたのである。経済成長期間は，贈る方のコストは成長による何某かの恩恵で，ペイされてしまう可能性が大きい。経済が好調な期間には，贈る方にも経済的理由があるのである。ところが，1990年代から経済の低迷期間に入ると，やはり職場における「お歳暮」，「お中元」は控えられるようになってくる。勿論，法人の贈答も減少してくる注1。

　バブルがはじけて，贈答習慣も本来のあり方に戻りつつあるといえる注2。

◆ 人はどのような時に贈るのか

　贈り物をする機会は多い。アンケート調査で，贈る機会と割合が次のように明らかになっている。

【注1】これを裏付ける調査結果は，㈱インテージのhttp://www.intage.co.jp，2005年5月現在にある。
【注2】味の素ゼネラルフーヅの1983年からのアンケート調査によると，贈答先が「仕事仲間」から「家族関係」にシフトしていることが明らかになっている。

【贈り物の機会と割合】
①お歳暮［95.7％］　②お中元［93.7％］　③入院・病気見舞い［81.8％］
④結婚・出産祝い［81.3％］　⑤葬式・法事・香典返し等［73.7％］
⑥誕生日［70.5％］　⑦入園・入学・卒業祝い［70.4％］
⑧父の日・母の日［62.4％］
⑨バレンタインデー・ホワイトデー［60.9％］
⑩内祝い（結婚・出産・快気等）［59.2％］　⑪様々な記念日［51.7％］
⑫就職・退職・昇進祝い［47.7％］

(注) 以下，本節の資料は次による。農林漁業金融公庫「食品の贈答に関する意向調査」（調査対象は那覇市を除く都道府県所在都市生活者），調査年月1999年4月。

　お歳暮とお中元の贈る人を年齢別に見ると，高年齢者ほど高まっている。20，30歳代の贈る人の割合は81.2％であるが，40歳代からは90％台に入り，60歳以上は97％となっている。

◆ 食品を贈る機会，理由，購入先
　年中行事や様々なお祝いで，食品を贈る機会は余り多くはない。前項の①〜⑫の機会において，食品を贈る割合を，高い順に記しておこう。

【行事で食品を贈る割合】
①お歳暮［94.1％］　②お中元［92.7％］
③バレンタインデー・ホワイトデー［80.4％］
④葬式・法事・香典返し等［26.2％］
⑤入院・病気のお見舞いなど［24.7％］　⑥様々な記念日［19.8％］
⑦誕生日［17.5％］　⑧内祝い（結婚・出産・快気祝い等）［16.8％］
⑨父の日・母の日［12.7％］　⑩結婚祝い・出産祝い［6.5％］
⑪入園・入学・卒業祝い［5.5％］　⑫就職・退職・昇進祝い［4.8％］

お歳暮，お中元は食品が中心である。どの食品にするかは，「相手の好みにあったもの」（57.3％），「実用性のあるもの」（36.3％），「価格が適当であるもの」（23.0％），「品質の良いもの」（22.2％）の順になっている。

　食品を選ぶ割合の高い「お歳暮」，「お中元」であるが，次にそれをどこで購入しているかを明らかにしておこう。

　両機会共に，デパートを利用する割合が高い。「お歳暮」で59.2％，「お中元」で61.5％がデパートを利用している。デパートには，「品揃えが豊富」，「信頼感がある」，「高級感がある」，「日常よく利用しているから」の順で，購入者にメリットがあるという。

　ちなみに「お歳暮」を贈る時期であるが，12月初めより20日頃までのようである。年内に贈れない場合は，「お年賀」として贈ることができる。また，「お年賀」で届けることができないときは，「寒中見舞い」として，松の内（1月7日）が過ぎてから立春（2月4日頃）までに贈るとよい。

12月22日頃【冬至】

■1 「冬至」とは

　冬至とは，1年中で昼間が最も短く，夜が最も長い日である。東京で測定（2005年）すると，昼間が9時間45分で夜が14時間15分前後と，随分昼夜のバランスが崩れている。この時，太陽は南から最も斜めに照らす日であり，地面に棒を垂直に立てると，その影が最も長くなる。

　冬至は，生物に対して活動を弛めさせ，人間にも休息を伝える日なのであり，それが12月22日頃というわけである。「冬至から畳の目ほど日が延びる」のであるが，それまで地球の冷やされる勢いが強いた

め，2月4日の立春までは冷え続ける。暖かさへの方向が定まり，芽生えへの憧れを抱かせるのは立春である。

2 「冬至正月」と「立春正月」

「一陽来復（いちようらいふく）」。これは陰がきわまり陽が帰ってくるという冬至に由来し，そこから，「良い方に運が向き始める」という意味でも用いられるようになった。

冬至は，陽光の長さから見れば1年のスタートであり，立春は，暖かさに向かう出発点である。どちらを1年の初めとするか，いずれも故無しとしない。生き物が春の陽射しを待ちこがれるとするならば，冬至は寒さという峠越えがその先にあるが，方向が定まる日であるし，立春は暖かさに向かって，峠から駆け下り始める日と表現できようか。

冬至を1年の初めとする考え方は，3千年前の周王朝の時代に確立しているし，漢の武帝の時代には立春を正月とする考え方に改められている。日本でも，692年の持統天皇6年から1843年の仁孝天皇の天保14年まで，年の初めは立春であった。

3 冬至の「食」

① カボチャ

冬至には，食すべきと伝承されてきた食材が多い。寒さと病気とそれへの備えから，カボチャ，小豆（あずき），コンニャク，柚子（ゆず）など，風土に適した推奨素材といえる。

カボチャは，16世紀にポルトガル人によって伝えられ，江戸時代初期に沢庵和尚が栽培を奨めたといわれる。カンボジアから伝来したので「カボチャ」と名付けられている。

カボチャはビタミン豊富の緑黄色野菜であり，風邪予防にも中風予防にもよい。また，カボチャは保存性がよく，冬越えには最適の食材である。
　また古代中国の哲理である陰陽五行説には，カボチャのような黄色が魔除けになり，病気を防ぐという考え方がある。他にも黄色い栗や梔子飯を食べるというのも，ここに由来すると思われる。

② 柚子

　食材に用いるのではないが，一般的に知れわたっているのは「柚子湯」である。柚子はこの季節の風物であり，風邪の予防に加えて，肌荒れ，あかぎれを癒すのに最適な素材といえる。端午の節句の「菖蒲湯」，土用の丑の「桃の葉湯」に並ぶ慣習といえる。近年流行の薬湯と同じであり，これは江戸時代からの庶民の智恵の賜である。

③ 小豆

　冬至には小豆粥を食べる風習がある。冬期に保存しやすい小豆を，健康維持のために食する薦めは理に適っている。また，病気の鬼が，小豆の赤を恐れるという言い伝えもある。

④ コンニャク

　さらに冬至には，コンニャクを食べる習慣もある。奈良時代に仏教の伝来と共に日本に伝えられたコンニャクは，僧侶の間で「砂払い」として食されてきた。体に蓄積された砂や良くないもの，さらには煩悩を吸収して排出させるということである。今日でいう食物繊維の機能であり，整腸剤の役割を説くものである。コンニャクイモの保持のしやすさからきている智恵であることは，いうまでもない。

⑤ レンコン，ミカン，ニンジン

　その他にも，一部の地域ではレンコン，ミカン，ニンジンなど，語尾に「ん」の付く食材を多く食べると「運」が付くという言い伝えもある。これも，冬季に摂取不足に陥りがちな野菜や果物を，バランスよく食べることによる健康維持のための智恵なのであろう。

4 「カボチャ」の経済学

◆ カボチャは輸入による「供給の周年化」の代表品目

　カボチャはもともと夏野菜であり，6月を旬とするものであった。それが近年，年中供給されるようになっている。国産カボチャは5月から9月まで出回り，それ以降の端境期（はざかいき）を輸入で賄（まかな）っているのである。そのため，国産カボチャの割合はほぼ半分になっている。

　農産物の多くは，他地域産の流通によって食せる期間を延ばしている。これを「産地間リレー」による供給という。カボチャの産地間リレーは，国産ものが終わったら，複数の外国産ものに補うのである。

　国産カボチャでは，4月から5月にかけて沖縄産が出荷される。6月になると鹿児島産，茨城産，神奈川産が出回る。7月からは北海道産，青森産が加わる。10月，11月に米国産が輸入される。12月になるとメキシコ産が入り3月まで続く。さらに2月にはニュージーランド産が入荷し，国産が増える5月まで輸入される[注3]。

【注3】 筆者らは2001年2月後半に，ニュージーランドでカボチャ生産農家と日本への輸出業者の調査を試みた。ニュージーランドには5つの輸出会社があり，各々が農家と生産契約を結んでいる。農家の規模は大きく，最大100ha前後のカボチャ生産農家もある。日本市場を巡ってライバル国はメキシコということであった。

◆ カボチャの需要状況

① カボチャの1世帯当たり購入量の年間および月別変化

　1世帯当たりで見て，カボチャの購入量の長期趨勢は割合なだらかである。1980年から2002年までのピークは1994年の約6.1kgであり，ここまでは増勢を辿るが，2000年以降は減少してきている。

　次に，月別購入状況を見てみよう。2002年における購入量のピーク月は7月であり，逆に少ないのは1月である。11月も少な目であり，冬至の12月にいくらか増えて，6月まで低調が続く。カボチャは6月から10月までが購入量の多い時期になっている。ここは国産ものの出回り期間である。しかし，カボチャに対する需要は，年間を通して平準化が進んでいる方である。この背景には，生活習慣病の広がりと，それに対する健康志向の強まりがある。

② カボチャの世帯主年齢別の購入量

　さらに，カボチャ購入量を年齢層別に見ておこう。カボチャに対する最も強い需要層は，70歳以上の最高年齢層になっている。29歳までの最若年層では約2.3kgであり，70歳以上のほぼ39％に過ぎない。

　しかも，購入量は年齢層に並行して増加していく。これは，健康意識の強弱による現象であろうか，食内容の違い（例えば和風と洋風）によるものであろうか，あるいは外食の頻度の違いによることであろうか。その答えは，これら3つの側面の合成された結果であるが，なかでも和食に対する好みの違いが大きいようである[注4]。

【注4】総務庁統計局「平成14年家計調査年報」(財)日本統計協会より。

12月23日【天皇誕生日】

1 「天皇誕生日」とは

　「天皇誕生日」は，「国民の祝日に関する法律」で制定された「国民の祝日」である。皇位の継承により，1989（平成元）年より12月23日になった。

　天皇誕生日は，第二次大戦以前は「天長節」と称され，四大節の1つであった。「天長」は「老子」[注5]の中の「天は長く地は久し」に由来し，皇后の誕生日は「地久節」といった。

　天皇誕生日の起源は，775（宝亀6）年に光仁天皇が自分の誕生日を天長節として祝ったこととされている。それ以後，明治時代までは宮中行事として継続されていた。

　国の行事になったのは，1868（明治元）年からである。明治天皇（1852～在位67～1912）の誕生日である旧暦9月22日が，天長節[注6]として祝われた。

　その後，太陽暦に変更された1873（明治6）年から11月3日になっている。大正天皇（1879～在位1912～1926）の誕生日は8月31日，昭和天皇（1901～在位26～1989）は4月29日であった。

　昭和天皇の誕生日である4月29日は，「みどりの日」[注7]になっている。

【注5】「老子」は中国の春秋戦国時代の思想家である。その著書「老子」は孟子以後に編纂されたもの。
【注6】1927年からは「明治節」になったが，1948年に廃止され，「文化の日」になっている。
【注7】2005年5月に「みどりの日」を「昭和の日」に改める祝日改正法が成立した。2007年からの施行である。本書，［4月29日「みどりの日」］を参照のこと。

12月［師走／December］　149

■■ セミナー ― ⑨
年中行事・記念日イベントの経済効果

● 年中行事と景気

　年中行事の経済効果はどれほどであろうか。もし，年中行事が無かったら，食の消費は年間を通じて平坦なものになる。無論，各々のシーズン，旬で消費の季節変動はあるが，実際の推移よりかなりフラットなものになっていよう。年中行事には，消費に勢いをつけ，景気を押し上げる作用がある。

　年中行事に向けて用意するものは数多い。食の分野に限ってみても，様々な加工品と関連品が加わる。年中行事の品々は，「必需品」ではないが「選択財」にも組みしにくい。行事には，備えを余儀なくするものが多いからである。しかも，地方ほど近所と共に行おうとする，いわば「近隣効果」が強い。これによって行事の行い方というべき伝統が守られてきている。

　逆に，大都会ではこうした「近隣効果」や「伝統維持機能」が弱く，行事による消費の「盛り上げ効果」も弱くなる。都市住民の多くにとって，「行事食」とはコンビニの広告，スーパーの折り込み，デパートの飾りなどに触発された「受動的消費」である。すなわちJ.Kガルブレイスの「依存効果」[注1]に近い動機によるものである。

　一方，行事に用意する品目すなわち「行事財」の供給先も変化してきた。食の分野においても，かつては伝統的な手作り品が中心であったが，高度成長と共に加工メーカーによる商品に代替されてきている。行事による景気推進力の一部を，地方から中央にシフトさせる変化なのである。ここにも，地方経済の沈滞要因を指摘することができる。

● 記念日の経済効果

　記念日の経済効果も大きい。日本記念日協会に登録されている記念日の中で，食に関連するものは120を超えている。3日に1日は「食の記念日」というわけであるが，「毎月〇日」という記念日も多いので，実際はもっと「食の記念日」で混み合っている。その多くは，業界をまとめる協会，協議会，組合等であるから，記念日を中心に販売促進をしようというわけ

である。したがって,「食の記念日」の多くはビジネス絡みであるといえる。

消費者の側から見ると,「食の記念日」がビジネス絡みでも,それが旬を知らせるものであれば,それも一つの情報源となりメリットがある。なかには,記念日が日付との単なる語呂合わせというのも多い。

デパート,スーパー,コンビニ等の小売り側からは,販売に勢いを付ける「特売品」が欲しい。これを「食の記念日」の商品にするというのは常套手段になっている。「食の記念日」は,生産者側ばかりではなく,小売り側にも利用価値があり,仲良く共同利用しながら認知度を高めているのである。

さて,年中行事や記念日の市場効果の推計例を示しておこう[注2]。

まず,記念日の市場規模は,日本記念日協会の推計によると1兆円を超えるという。

年中行事の市場規模を個別に見ると,次のようになっている。

また,各地域で催されているイベントも,10万人で2億円,100万人で20億円の経済効果があるという試算もある[注3]。

【年中行事の市場規模】
①クリスマスが7,000億円　②バレンタイン・デーが1,300億円
③母の日が1,200億円　④父の日が1,000億円
⑤成人の日が800億円　⑥七五三が700億円
⑦敬老の日が500億円　⑦ホワイト・デーが500億円

(注) http://www.nihonn.com.による。また,「讀賣新聞1999年4月27日付」参照。

消費需要は景気を推進する主力エンジンであるが,その一部を年中行事と記念日の消費の盛り上がりが担っているのである。

一方,生産の側から見ると,年中行事の盛り上がりによって,供給地が外国から国内へ転換する効果が期待される。年中行事の地域色の濃さから,中央で生産されたものから,地方の「地域財」へのシフトも生じよう。このような変化が起きれば,地方で生きる高齢者や主婦に仕事を与えて,地域社会の活性化に寄与することになる。

年中行事がもたらす経済効果には,広く捉えると地域文化の継承,食育,

健康，環境対策なども含まれて，その影響は計り知れないものであるといえよう。

● 連休の経済効果

行事には，連休をつくることによる経済効果もある。行事の日を，日付で固定せずに「第２○曜日」のような移動祝日にして「連休」をつくることによる効果である。実際に「成人の日」，「海の日」，「敬老の日」，「体育の日」をハッピーマンデー法（改正祝日法）によって「移動祝日」にしてきた。

この連休作りによって，どれほどの経済効果をもたらすものであろうか。2000年１月１日より，ハッピーマンデー法が施行され，「成人の日」と「体育の日」が月曜日に設定されて「３連休」が２つ誕生した。３連休作りのねらいは，「金のかからない景気対策」を謳い文句に，消費拡大や観光振興によるものであった。

さて，３連休の経済効果はいかに，運輸省はこの年の２月に実現した「３連休」と前年の２月の「３連休」との経済効果を比較している[注4]。

2000年の２月11日（建国記念日，金曜日）から13日（日曜日）までの３連休と，1999年の２月12日（金曜日）から14日（日曜日）までの３日間の比較である。その結果，2000年の３連休のほうが，国内旅行者数が約８割，海外旅行者数が約４割も多かった。国内航空機の利用も約15％増加していた。

さらに，1999年の２月11日（建国記念日，木曜日）から14日（日曜日）までの「飛び石４連休」と比較しても，国内旅行者数で41％，海外旅行者数で23％も多かったことがわかった。前もって計画の立てられる「３連休」の経済効果は大きいのである。

この年，観光業界によって，ハッピーマンデー法の経済効果が次のように報告されている。「成人の日」からみからの３連休は2,660億円，「体育の日」からみの３連休は5,490億円である。これは旅行支出が中心になっているが，人の移動があれば，食を始め多くの分野で消費拡大効果を伴うはずである。

連休に係わらない祝日を月曜日に移動したら，どれほどの経済効果が生まれるであろうか。この問いかけに，産業連関手法を応用した試算結果がある。1998年，余暇開発センターは，祝日14日の内，年末年始や盆やゴ

ールデンウィークなどの連休に係わる祝日を除いた8祝日を，月曜日に指定化することの経済効果を試算した。それによると，飲食関係やホテルなどの直接効果と，レジャー用具や衣料といった間接効果を合わせて約2兆8千億円の経済効果を提示している[注5]。

(注1)「依存効果」とは，企業側の広告宣伝によって消費内容がコントロールされることである。J.K.ガルブレイスが1958年に提唱した概念であり，鈴木啓太郎訳『ゆたかな社会（第2版）』岩波書店，1970年，第11章で展開されている。
(注2) http://www.nihonn.com.による。また，「讀賣新聞1999年4月27日付」参照。
(注3) 浜松銀行の試算による。
(注4)「讀賣新聞2000年8月31日付」参照。
(注5) ここで示した余暇開発センターの推計結果は，「日本経済新聞」(1998年11月16日付) で取りあげられている。

12月25日【クリスマス】

1 「クリスマス」とは

　クリスマス（Christmas）とは，イエス・キリスト（Jesus Christ）の誕生日の祭り（mas）の日である。
　前夜の「クリスマス・イブ」は，バレンタイン・デーと同じように，宗教的な色合いを離れて，国民行事的な楽しみ方をするようになった。
　商業戦略にも一段と力が入る大イベントの様相を呈してきている。家族のみならず恋人の心を，クリスマスモードに切り替える戦略が11月末から始まるのである。大規模小売店（デパート，ショッピングモールなど）を始め，各種プレゼント用品やホテル宿泊，旅行，ケーキにワインなどの関連業界は，ここぞとばかりに商業戦略を展開する。

2 「サンタクロース」の由来

クリスマスといえばサンタクロースであるが，長い歴史の過程でこのような組み合わせができあがってきた。

サンタクロースとは，実在の人物Saint Nicholas（聖ニコラス：270～342）の名に由来する。4世紀にトルコに生まれ，キリスト教の司教を努めるうちに，貧しい子供を支援し始めた。これが多くの人の心を打ち慕われて聖人になったのである。

聖ニコラスがオランダに渡ったとき，祝日の12月6日に子供達にプレゼントをしていた。その後，オランダの清教徒がニューヨークに渡り，この話を伝えているうちに聖ニコラス（Saint Nicholas）は「サンタクロース」に変化し，プレゼントの日も宗主国イギリスの12月25日に吸収されて，クリスマスとサンタクロースが結びついたというわけである。

3 「日本でのクリスマス」の普及

日本でのクリスマスの浸透は，フランシスコ・ザビエルの来日とともに始まる。日本の文化の中に広まっていったのは，日露戦争と第一次世界大戦の間に遡り，そのころキリスト教という枠を超えて広まっていった。

明治時代にクリスマスの商戦が始まり，プレゼントの習慣も広まっていった。大正時代になると，雑誌の12月号にはクリスマスを煽る表紙が用いられるようになる。戦後のGHQは，日本復興支援の名の下にサンタクロースの格好でイベントに登場したり，キャンデーを配布したりと，これがクリスマスの普及に大きな役割を果たしてきた。

4 「クリスマス・ツリー」の意味

　クリスマス・ツリーには，常緑樹の「永遠の緑」のイメージから，神の「永遠の愛」，イエス・キリストの「永遠の命」を伝えるものである。

　クリスマス・ツリーの飾りも大規模になってきているが，そこには次のような定番の飾りがある。まず，「ベル」の飾りであるが，これはイエス・キリストの誕生を告げるためのものである。

　次に「ライト」の飾りであるが，これは輝く星を示し，☆の形の「トップスター」は，東方の賢者達を幼子イエス・キリストへと導いた星である。

　「ろうそく」は，イエス・キリストが「世を照らす光」であることを示す。

　とげのある柊(ひいらぎ)の葉は，イエス・キリストが十字架に磔(はりつけ)られる前に被らされていた「いばらの冠」のイバラを表す。また，柊の常緑は「永遠の命」を示し，赤いその実は，イエス・キリストが人を救うために流した「血」を象徴するものといわれている。

5 「クリスマスの食」の経済学

◆ サンタクロースのプレゼント

　古くは日本にも，大晦日の夜に，親が子供の枕元に福袋を置くという習慣があった。ところがクリスマスの浸透によって，これがクリスマス・イブのサンタクロースのプレゼントに代わっていった。戦後においても，クリスマス・イブが近づくと，サンタクロースの代役である親は，菓子やおもちゃや雑誌などと頭を悩ませてきているのである。

日本の経済発展とともにクリスマス商戦が活発化しだすと，プレゼントの中身は高級化し，カップルの間でもプレゼントは一大イベントと化してきている。

◆ クリスマス・パーティ
　同時に，家庭ではケーキにシャンパンがつきもののホーム・パーティが行われるようになる。クリスマス・パーティーはどれぐらいの家庭で行われているのであろうか。2001年の調査結果によると[注8]，55.4％の人が「ホーム・パーティーをした」と答えている。「自宅外でパーティーをした」が4.3％あり，合計59.7％の人がパーティーを開いていた。
　クリスマス・パーティーを，いつ開いているかについても調査結果がある[注9]。24日のクリスマス・イブに開いている人が54.8％，前週の日曜日などの休日に開いている人は24.7％であり，25日のクリスマスに開いている人は8.1％となっていた。

◆ クリスマスにおけるケーキ購入
　クリスマスといえばケーキであるが，この風習は日本独自のものである。もともと，菓子メーカー「不二家」の仕掛けが発端といわれている。
　クリスマスはケーキ屋さんにとって，正に書き入れ時である。同時に，趣向を凝らしたケーキも多くなった。こうした競争のせいで，ケーキの美味しさは格段に向上してきている。かつてはバターケーキが主流であり，生クリームケーキが登場したとき，その美味しさに驚いた人も多いはず。

【注8】じょうずにねっと「みんなのクリスマスに関するアンケート」ホームページより。
【注9】商業界『食品商業』2003年1月号，調査年月2002年11月。

クリスマスに因んでケーキを食べた人はどれくらいであろうか。ある調査結果によると[注10]、ホーム・パーティーで食べたもののトップが「クリスマス・ケーキ」となっており（89.1％）、それをどこで購入するかというと、54.6％は洋菓子店、21.0％はデパート、15.1％はスーパー、5.9％はコンビニとなっていた。

　ケーキは1年間を通して楽しまれる食品になってきている。総務庁統計局の「家計調査年報」によると、2002年における1世帯当たり「ケーキ購入金額」は7,804円となっている。1993年に10,130円でピークになっているが、この20年間は大体8千円台で推移してきた。

　ところがこれを月別で見ると、12月のケーキ購入額は1,534円と、他の月の平均の2.3倍にもなっている。

◆ イチゴの消費も伸びる

　デコレーション・ケーキを一層引き立てているのがイチゴである。クリスマス・ケーキの販売増加が、イチゴを12月に収穫するようになってしまった。イチゴは、旬を薄めた代表品目である。ハウス栽培と品種改良で、イチゴの甘さと形状も向上してきた。「女蜂」、「とよのか」、「とちおとめ」、「あきひめ」といえば、イチゴの名品種であることは、誰でも知るほどになったのである。

　クリスマスのある12月は、イチゴの販売が急増する月である。2002年において、1世帯当たり「イチゴの購入金額は4,357円であり、12月に約1割を占めている[注11]。

【注10】ドウ・ハウス「『クリスマスケーキ』に関するアンケート」、調査年月2002年11～12月。
【注11】総務庁統計局『平成14年家計調査年報』㈶日本統計協会より。イチゴが最も購入されているのは3月であり1,051円である。続いて2月、4月、1月、12月である。

12月31日【大晦日】

1 「大晦日（おおみそか）」とは

　1年の最後の日，12月31日を「大晦日（おおみそか）」という。なぜ，このように表すのであろうか。まず，ここから明らかにしよう。

　「大晦日」は「大」と「晦日」に分けられる。「晦日」とは，毎月の末日を意味する。「晦」は「つごもり」であり，「月が隠れる日」すなわち「月隠（つきごもり）」が訛ったものである。「月が隠れる」とは「新月（しんげつ）」のことであり，太陽と月と地球が一直線になる日である。この時，月は見えなくなるが，ここからまた月が見え始めるスタートであるので「新月」と呼ぶ。月末は，月が隠れて暗いので，「つきごもり」すなわち「つごもり（晦）」なのである。だから「晦日（みそか）」は「三十日」とも表す。

　1カ月は2月を除き30日と31日であり，12月は31日あるが，1年の最後の月の「晦日」であるから「大晦日」としているのである。

2 「大晦日」の習わし

　大晦日の夜は眠らない。これを「夜不寝講（よねんこう）」といって，年配者の間ではこの風習を知っている人も多いはず。寝ると白髪になるとか，しわの多い老人になるという言い伝えがある。

　昔は1日は日没に終わり，夜に始まると考えられていた。したがって，大晦日はすでに新年が始まっており，寝ずに年神（としがみ）をお迎えしなければならない。除夜の鐘が響き渡る頃には，「あけましておめでとうございます」と唱えて，年神様をお迎えしたわけである。

　大晦日には，1年間の穢（けが）れや罪を祓（はら）うための「大祓（おおはら）え」を行う。宮中や神社で，これが行われてきた。こうして新しい年の実りの豊かさ

を年神にお願いするのである。

こうした行事は平安時代から行われてきている。

3 除夜の鐘と「百八の煩悩」

除夜の鐘は,今では恒例であるが,これが大晦日に行われるようになったのは室町時代からである。古くは,中国・宋の時代に始まった儀式であるが,日本では鎌倉時代に禅寺で朝夕行われていたものであるが,仏教の浸透ともに,大晦日に行われるようになった。

「百八回」の鐘は,仏教思想の百八の煩悩と関連している。「煩悩」とは,心身を煩わし悩ます一切の妄念のことで,これを鐘の1つ1つで取り払っていくのである。最後の1つを正月を迎えてから撞き,清らかな心で一年のスタートを切ろうというものである。

ところで「108」の煩悩とは何であろうか。人間には,6つの感覚器官すなわち「眼,耳,鼻,舌,身,意」が備わっている。これを「六根」という。「六根」により「好,平,悪」の3つの受け取り方をする。これを「三不同」という。その受け取り方には「染と淨」の2つがある。そしてこの営みが「過去,現在,未来」の3つへと続き,人の心を悩ます。そこで〔$6 \times 3 \times 2 \times 3 =$〕108となるのである[注12]。

4 「大晦日にそば」の由来

大晦日には「年越しそば」を食べる。江戸時代から定着したこの食習慣は,歳末の風物詩である。

【注12】このような解釈も一つの説であるかもしれない。別の説も紹介しておこう。それによると,12ヵ月,24節気72候を足した108で,その数をつくることで旧年を払(祓)うというもの。除夜とは,除日(旧年を払う日)の夜ということだから。

そもそも日本で「そば」を食べるようになったのは，江戸時代初期からである。「そば」よりは「うどん」の方が歴史は長く，室町時代から食されている。

　「そば」というと日本の食文化を代表する食材であるが，その歴史は意外に短いともいえよう。「そば」が広く普及し始めるのは，江戸時代の安永（1772〜80）の頃からであり，江戸の「夜鷹そば」とか関西の「夜鳴きうどん」もこの時期に普及した。

　「年越しそば」の由来は何であろうか。幾つかの説があるが，どれも故なしとはしない。それぞれ説得力ある説なのである。

　まず，「そば」の特質から，細く長くのびるのは縁起がよいということである。「そば」は，寿命が延び，家運が上向くことをイメージさせるということである。

　逆に，「そば」の切れやすさという特質から，悪運や災厄を断ち切って，運を向かせるということも連想しやすく，そのような言い伝えもある。

　もっと現実的に，かつて細工師が飛び散っている金箔を，練ったそば粉で集めたことから，「そば」を食べて金運を強める，という現世利益的な説も伝承されている。逆に，「年越しそば」を食べ残すと，新年は金に事欠く1年になる，ということになる。

　「年越しそば」には「ネギ」を使う。「ネギ」は「労ぐ」であり，神主の下に位する「禰宜」との語呂合わせから，心を和らぎ，祓い清めるという意味が伝えられている。

5 「そば」の経済学

◆「そば」の需要と生産

　「そば」の国内需要量は，2001年において約13万トンであり，これ

に対して国内生産は約1万8千トンであり,「そば」も輸入ものがほとんどである。

「そば」の世界生産量は約260万トンであり,国内の「ばれいしょ」の生産量約300万トンと比較しても少ないと感じられる。世界全体でみると,「そば」を主食とする国がほとんどなく,生産量の多い国を羅列すると,中国の約160万トン,続いてロシア,ウクライナ,ポーランドとなっている。

日本の生産量約1万8千万トンは世界で第8位であるが,その産地は,北海道が約9千トン,次いで鹿児島県,長野県,秋田県となっている[注13]。

◆「年越しそば」を食べる人の割合

「年越しそば」を食べる人は,どれぐらいであろうか。あるアンケート結果を紹介しておこう[注14]。

「年越しそば」を「毎年食べる」人は80.0%である。年齢層別に見ると,20歳代は66.7%,30歳代は81.4%,40歳代は85.8%,50歳以上は84.3%となっている。

◆「そば」に対する東京と大阪のイメージの違い

次に「そば」のイメージに関するアンケート結果を示しておこう。アンケート対象が「東京の住人」と「大阪の住人」に区別することができるので,別々に比較できるように示しておく。

これで明らかなように,東京と大阪では「そば」に対するイメージが大きく異なっている。「そばは関東,うどんは関西」といわれてい

【注13】 H.P.農林水産省「消費者の部屋」,平成13年7月の答えより。
【注14】 ライブリッジくらしHOW研究所「年末年始食習慣アンケート」,調査年月2001年1月より。

ることの裏付けとなっている。

◆「そば」の効用

「そば」は「健康によい」と多くの人が答えている。その根拠は，「そば」には良質なアミノ酸が多く，またビタミンのなかでもB_1とB_2の含量が非常に多いのである。さらにルチンといって，血液の流れを良くする成分が含まれており，高血圧や動脈硬化を予防する働きがある。「そば湯」を飲むという行為は，このルチンが水に溶けやすい性質であることを利用した望ましい習慣なのである。

【そばに対するイメージ　東京 vs 大阪】

	〈東京〉	〈大阪〉
①日本の文化	70.6%	55.0%
②健康によい	70.2%	57.2%
③伝統的	66.7%	48.3%
④なじみがある	62.7%	40.6%
⑤昼食	61.6%	52.0%
⑥立ち食い	59.6%	51.7%
⑦庶民的	49.8%	41.3%

(注)　ミツカングループ本社「そのこだわりは『食文化』日本人の麺とつゆ―主婦とサラリーマン東京・愛知・大阪比較アンケート―」，調査年月2001年11月より。

参考文献 (アイウエオ順)

石川寛子編著『食生活の成立と展開』㈶放送大学教育振興会，1995年。
石川寛子・芳賀登監修『(全集)日本の食文化⑾郷土と行事の食』雄山閣，
　1999年。
石川寛子・江原絢子『近現代の食文化』弘学出版，2002年。
石毛直道・小松左京・豊川裕之『昭和の食』ドメス出版，1989年。
市川建夫『日本の風土食探訪』白水社，2003年。
㈱インテージ，http://www.intage.co.jp（2005年5月現在）。
株式会社ウィスダによる調査結果，http://www.foods.co.jp/（2005年5月現在）。
内田正男『暦と時の事典』雄山閣出版，1986年。
大河内昭爾監修『東京おいしいもの文学散歩』婦人画報社，1994年。
大久保洋子『江戸っ子は何を食べていたか』青春出版社，2005年。
大久保洋子『江戸のファーストフード―町人の食卓，将軍の食卓―』講談社，
　1998年。
岡田芳朗『暦ものがたり』角川書店，1982年。
貝原好古『日本歳時記』八坂書房，1978年。
科学技術庁資源調査会編『四訂日本食品標準成分表』1982年。
科学技術庁資源調査会編『五訂日本食品標準成分表―新規食品編―』1997年。
加倉井弘『これでいいのか日本人の食卓』NHK出版，1994年。
家庭総合研究会『昭和・平成家庭史（1926～1995）』河出書房新社，1997年。
加藤迪男『記念日の事典』東京堂出版，1999年。
ガルブレイスJ.K.　鈴木啓太郎訳『ゆたかな社会（第2版）』岩波書店，1970年。
川口謙二・池田孝・池田政弘『年中行事・儀礼事典』東京美術，1978年。
http://www.kannda-zatugaku.com/40319/03319.htm
紀文食品「うなぎに関するアンケート調査」調査年月2003年4月。
倉林正次『日本まつりと年中行事事典』桜楓社，1983年。
国税庁公表資料。
暦の会編『暦の百科事典』新人物往来社，1986年。
佐々木輝雄『食からの経済学』勁草書房，1994年。
財務省「貿易統計」
島田彰夫『食と健康を地理からみると―地域・食性・食文化―』

農山漁村文化協会，1988年。
商業界『食品商業』2003年1月号，調査年月2002年11月。
新谷尚紀監修『日本の「行事」と「食」のしきたり』青春出版社，2004年。
㈳資源協会食品成分調査研究所編『食と栄養の健康学』農林統計協会，1994年。
全国飴菓子工業協同組合ホーム・ページ（2005年5月現在）。
㈱総合食品研究所『食品・酒類マーケティングハンドブック』2004年。
総務庁統計局「家計調査年報」㈶日本統計協会，各年版。
高谷重夫『盆行事の民俗学的研究』岩田書院，1995年。
東京ガス都市生活研究所『生活レシピ2002』調査年月2001年8月。
永川祐三『病気を治す栄養成分Book』主婦と生活社，1999年。
永田久『年中行事を「科学」する―暦のなかの文化と知恵―』日本経済新聞社，
　1989年。
中村新太郎編著『日々の研究事典』小峰書店，1976年。
中村喬『中国の年中行事』平凡社，1988年。
中村丁次『からだに効く栄養成分バイブル』主婦と生活社，2001年。
西角井正慶『年中行事辞典』東京堂，1985年。
日本記念日協会編『365日　今日は何の日？　記念日ハンドブック』
　日本経済新聞社，2000年。
「日本経済新聞」2005年1月23日付。
㈶日本食生活協会・農林水産省総合食料局消費生活課『食生活指針ガイド』。
日本食糧新聞社「乾麺に関するアンケート調査」調査年月2003年4月。
日本醤油協会「醤油のイメージに関する調査」調査年月2000年9月～11月。
日本チョコレート・ココア協会ホーム・ページ（2005年3月現在）。
日本風俗史学会『日本風俗史辞典』弘文堂，1994年。
日本風俗史学会（編集代表）篠田統・川上行蔵『図説―江戸時代―食生活事典』
　雄山閣出版，1996年。
http://www.nihonn.com.
農林漁業金融公庫「食品の贈答に関する意向調査」調査年月1999年4月。
農林水産省「伝統食を含む食文化の継承及び地域産物の活用への取り組み状況」
　調査年月2001年9月。
農林水産省「大豆のホーム・ページ」（2005年5月現在）。
農林水産省「消費者の部屋」ホーム・ページ，2001年7月の答え。
農林水産省「米麦加工食品生産動態統計調査」。
農林水産省公表資料。
野田一郎監修『きょうは，どんな日？』ポプラ社，1993年。

原田信男『木の実とハンバーガー』日本放送出版協会，1995年。
原田信男編『江戸の料理と食生活』小学館，2004年。
樋口清之『生活歳時記』三宝出版，1978年。
廣野卓『食の万葉集―古代の食生活を科学する―』中央公論社，1998年。
藤井平司『―からだの四季と野菜の四季―旬を食べる』農山漁村文化協会，1986年。
文化庁ホーム・ページ（2005年5月現在）
マーヴィン・ハリス著板橋作美訳『食と文化の謎―good to eatの人類学―』岩波書店，1988年。
ミツカングループ本社「わが家の年中行事と『特別な日』の料理に関する主婦アンケート」調査年月2003年2月～3月。
ミツカングループ本社「そのこだわりは『食文化』日本人の麺とつゆ―主婦とサラリーマン東京・愛知・大阪比較アンケート」調査年月2001年11月。
宮田登『暦と祭事』小学館，1984年。
柳田国男『年中行事覚書』講談社，1977年。
湯川豊彦編著『知ったかぶり食通面白読本』主婦と生活社，1998年。
横田肇『食文化・民族・歴史散歩』新風舎，2002年。
「讀賣新聞」1999年4月27日付。
「讀賣新聞」2000年8月31日付。
「讀賣新聞」2005年4月29日付。
ライブリッジ　くらしHOW研究所「年末年始食習慣アンケート」調査年月2001年1月。
渡部忠世・深沢小百合『もち（糯・餅）ものと人間の文化史』法政大学出版局，1998年。
渡辺実『日本食生活史』吉川弘文館，1964年。

おわりに

　本書では，年中行事として一般的な「34」の行事を扱っている。年中行事は「年に数度のこと」と思い込んでいる人も少なくない。ところが，年中行事は平均すれば約11日に1度のペースで訪れるのである。これを知って，驚かない人は少ない。
　したがって，年中行事の歴史的意味をしっかり認識して生きる人と，そうではない人とでは，暮らし方，人生がまるで異なってしまう。これは善し悪しの問題ではない。しかし，人が潤いのある人生，豊かな人生を求めるときに，年中行事を意識することの意義は大きいと言わざるを得ない。

　文化を共通にした家族，友人，知人の存在を，有り難く，大切に見つめる心は尊い。年中行事の迎え方は，こうした人との絆や交流にも多大な影響を及ぼそう。年中行事に対する姿勢は，家族や地域，国家の潤いのバロメーターの一つのようにも思える。
　それほど意義深い年中行事から疎遠になり，日本文化に無関心になっていけば，日本人は共有できる認識ベースを持たない，ただの隣人同士になり下がってしまおう。

　著者が，このような懸念を強めたのは，1980年代の後半のバブル経済に突入してからである。投機やギャンブルと文化の維持は，両立しにくい側面を有する。経済成長至上主義と地域文化の維持も同じような関係にある。当時，多くの経済専門家や評論家が，バブル経済への過程に疑念を抱かぬ光景を目の当たりにして，憤りをおぼえたもので

ある。

　バブルが崩壊し，近年ようやく多くの人が「人生の過ごし方」を考える落ち着きが戻ってきた。これが，本来あるべき生活の経済環境なのである。そこで著者は，すでに遅きに失した感もあるが，長年懸念してきた「年中行事の喪失」，「年中行事の伝承力の弱さ」に抗して，本書を著すことにしたのである。
　本書が，皆様の生活，人生に少しでも潤いをもたらし，生活のお役に立てるところがあるとすれば，それは筆者の大いなる喜びとするところである。

　　　　　　　　　　　　　　　　　　　　　　　　　佐々木輝雄

【著者略歴】
佐々木輝雄（ささき てるお）
日本獣医生命科学大学教授
経済学，食品経済学等を担当
食料，農業，環境，福祉を専門とする

【主要著書】
『食からの経済学』（勁草書房）1994年
『地球経済学入門』（勁草書房）1998年
『経済学（第三版）』共著（文化書房博文社）1994年
『肉の科学』共著（朝倉書店）1996年
『畜産食品の事典』共著（朝倉書店）2002年　他多数

「年中行事から食育」の経済学

2006年3月3日　第1版第1刷発行　　　＊定価は表紙に表示してあります。
2009年2月11日　第1版第3刷発行

著　者◆佐々木輝雄
発行人◆鶴見治彦
発行所◆筑波書房
　　　　東京都新宿区神楽坂2-19 銀鈴会館ビル 〒162-0825
　　　　電話 03-3267-8599　振替 00150-3-39715

印刷・製本＝平河工業社
ISBN978-4-8119-0293-7 C0033
© Teruo Sasaki, 2006 printed in Japan